古典文獻研究輯刊

二二編

潘美月・杜潔祥 主編

第7冊

西夏文《亥年新法・第三》譯釋與研究

周 峰 著

國家圖書館出版品預行編目資料

西夏文《亥年新法‧第三》譯釋與研究／周峰 著 —— 初版 ——
新北市：花木蘭文化出版社，2016〔民 105〕
目 2+134 面；19×26 公分
（古典文獻研究輯刊 二二編；第 7 冊）
ISBN 978-986-404-500-6（精裝）
1. 中國法制史 2. 西夏語
011.08   105001915

ISBN-978-986-404-500-6

9 789864 045006

古典文獻研究輯刊
二二編 第七冊   ISBN：978-986-404-500-6

西夏文《亥年新法‧第三》譯釋與研究

作　　者　周　峰
主　　編　潘美月　杜潔祥
總 編 輯　杜潔祥
副總編輯　楊嘉樂
編　　輯　許郁翎
企劃出版　北京大學文化資源研究中心
出　　版　花木蘭文化出版社
社　　長　高小娟
聯絡地址　235 新北市中和區中安街七二號十三樓
　　　　　電話：02-2923-1455／傳真：02-2923-1452
網　　址　http://www.huamulan.tw 信箱 hml810518@gmail.com
印　　刷　普羅文化出版廣告事業
初　　版　2016 年 3 月
全書字數　81477 字
定　　價　二二編 15 冊（精裝）新台幣 28,000 元

西夏文《亥年新法・第三》譯釋與研究

周峰 著

作者簡介

周峰，男，漢族，1972 年生，現任中國社會科學院民族學與人類學研究所副研究員，主要從事遼金史、西夏學的研究。1993 年畢業於北京聯合大學文理學院，獲得歷史學學士學位。2010 年考入中國社會科學院研究生院攻讀博士學位，導師史金波先生，2013 年 6 月獲歷史學博士學位。1993 年 7 月至 1994 年 2 月，在北京市文物研究所工作。1994 年 2 月至 1999 年 8 月在北京遼金城垣博物館工作。1999 年 8 月至今在中國社會科學院民族學與人類學研究所工作。主要代表作：《完顏亮評傳》，22 萬字，民族出版社 2002 年；《金章宗傳》（與范軍合作），15 萬字，中國廣播電視出版社 2003 年。

提　　要

　　西夏文《亥年新法》是西夏繼《天盛律令》之後制定、頒佈的又一部重要法典，出土於內蒙古額濟納旗黑水城遺址，現藏俄羅斯科學院東方文獻研究所，1999 年刊佈於《俄藏黑水城文獻》第九冊。現存《亥年新法》都是手抄本，有甲、乙、丙、丁、戊、己、庚、辛諸種本，其中第三有甲、乙種本，主要爲關於盜竊罪的法律條文，有關於一般盜竊、盜親、群盜、監守自盜等的具體規定。

　　本書共分爲五章，第一章是對《亥年新法》第三的譯釋，以乙種本爲底本，校以甲種本並參照《天盛律令》中的相關內容，對《亥年新法》第三進行逐字翻譯，也就是對譯，然後在此基礎上進行意譯，給出一個較爲完善的漢文譯本。第二章是《亥年新法》第三與《天盛律令》第三的比較研究，從中可以看出西夏前後法律制度的發展變化情況。第三章、第四章是西夏盜竊法與《唐律疏議》盜竊法以及宋朝盜竊法的比較研究，主要通過對比《天盛律令》與《唐律疏議》、《宋刑統》、《慶元條法事類》中有關盜竊法的內容，從而瞭解了西夏法典的「源」，瞭解其吸收、借鑒了唐宋的哪些法律成分。第五章是西夏盜竊法與遼金盜竊法比較研究，由於遼代、金代沒有完整的法典流傳下來，因此通過對比《遼史》、《金史》中零星的相關法律條文，瞭解西夏與其同時的少數民族王朝法律的異同，對於西夏、遼、金三個少數民族王朝吸收、借鑒中原王朝法律的不同特點也有所認識。通過對西夏重要刑法內容盜竊法的對比研究，可以更深刻地認識西夏對官私財物的保護、保護統治階級既得利益、維護社會穩定的對策和前後發展的變化，加深對西夏社會、特別是晚期社會的認識。

目

次

前　言

　　西夏文《亥年新法》是西夏繼《天盛律令》之後制定、頒佈的又一部重要法典，出土於內蒙古額濟納旗黑水城遺址，現藏俄羅斯科學院東方文獻研究所，1999 年刊佈於《俄藏黑水城文獻》第九冊。現存《亥年新法》都是手抄本，有甲、乙、丙、丁、戊、己、庚、辛諸種本，其中第三有甲、乙種本，主要為關於盜竊罪的法律條文，有關於一般盜竊、盜親、群盜、監守自盜等的具體規定。

　　本書共分為五章，第一章是對《亥年新法》第三的譯釋，以乙種本為底本，校以甲種本並參照《天盛律令》中的相關內容，對《亥年新法》第三進行逐字翻譯，也就是對譯，然後在此基礎上進行意譯，給出一個較為完善的漢文譯本。第二章是《亥年新法》第三與《天盛律令》第三的比較研究，從中可以看出西夏前後法律制度的發展變化情況。第三章、第四章是西夏盜竊法與《唐律疏議》盜竊法以及宋朝盜竊法的比較研究，主要通過對比《天盛律令》與《唐律疏議》、《宋刑統》、《慶元條法事類》中有關盜竊法的內容，從而瞭解了西夏法典的「源」，瞭解其吸收、借鑒了唐宋的哪些法律成分。第五章是西夏盜竊法與遼金盜竊法比較研究，由於遼代、金代沒有完整的法典流傳下來，因此通過對比《遼史》、《金史》中零星的相關法律條文，瞭解西夏與其同時的少數民族王朝法律的異同，對於西夏、遼、金三個少數民族王朝吸收、借鑒中原王朝法律的不同特點也有所認識。通過對西夏重要刑法內容盜竊法的對比研究，可以更深刻地認識西夏對官私財物的保護、保護統治階級既得利益、維護社會穩定的對策和前後發展的變化，加深對西夏社會、特別是晚期社會的認識。

導　論

第一節　選題緣起

　　《亥年新法》是西夏繼《天盛律令》之後制定、頒佈的又一部重要法典，出土於內蒙古額濟納旗黑水城遺址，現藏俄羅斯科學院東方文獻研究所，1999 年刊佈於《俄藏黑水城文獻》第九冊。據該書內容提要：「《亥年新法》或簡題《新法》，存寫本多種。體例與《天盛律令》稍異，正文不立門類，唯其中屢屢引及《天盛律令》條文，並有補訂之處。寫本卷尾或題有光定四年（1214）款，則是書當修成於前。」可見，《亥年新法》大概是在西夏神宗李遵頊（1211～1223 年在位）或之前制定的，有可能是西夏制定的最後一部重要法典，也反映了西夏社會後期的面貌。

　　現存《亥年新法》都是手抄本，有甲、乙、丙、丁、戊、己、庚、辛諸種本，其中第三有甲、乙種本，主要為關於盜竊罪的法律條文，有關於一般盜竊、盜親、群盜、管庫官員監守自盜等的具體規定。甲種本 26 頁，每半頁 7 行，每行 17 字左右。乙種本 33 頁，每半頁 6 行，每行 14 字左右。乙種本較甲種本更為清晰、完整。本書首先以乙種本為底本，校以甲種本並參照《天盛律令》中的相關內容，對《亥年新法》第三進行逐字翻譯，也就是對譯，然後在此基礎上進行意譯，給出一個較為完善的漢文文本。在此基礎上，通過與《天盛律令》中的相關內容的比較，也可看出西夏前後法律制度的發展變化情況。通過對比《唐律疏議》、《宋刑統》、《慶元條法事類》等中有關盜竊的法律條文，從而瞭解西夏法典的「源」，瞭解其吸收、借鑒了哪

些唐宋的法令成分。由於遼代、金代沒有完整的法典流傳下來，因此通過對比《遼史》、《金史》中零星的相關法律條文，瞭解西夏與其同時的少數民族王朝法令的異同，對於西夏、遼、金三個少數民族王朝吸收、借鑒中原王朝法律的不同特點也能夠有所認識。

　　對西夏文《亥年新法·第三》進行譯釋與研究，能夠提供給大家一個可以使用的較爲規範的漢文文本。隨著譯釋的進行，也能夠加深對於西夏法律詞彙的認識，明確、規範一些西夏詞彙的譯文。本書有助於加深對西夏法律制度的認識，使我們瞭解到西夏不同時期法典的異同之處、前後變化，對於西夏法律制度的源與流也會有更深一步的認識。法律制度是社會的一面鏡子，通過本書的研究對瞭解西夏社會的後期面貌也有所裨益。

第二節　研究現狀

　　國內外對於西夏法律文獻的研究，主要集中在《天盛律令》上，有著大量的研究成果，這是在《天盛律令》有漢譯本的基礎上才得以進行的。[註1] 而對於《亥年新法》則尚屬於起步階段，不僅沒有研究專著，也沒有全面完整的譯文，目前僅見兩篇論文。文志勇的《俄藏黑水城文獻〈亥年新法〉第2549、5369 號殘卷譯釋》[註2] 對甲種本第七中的 4 頁及丁種本第二中的 2 頁殘卷進行了翻譯與研究，認爲前者內容較雜亂，後者屬於「納錢贖罪」和「以官品當罪」的相關律條。賈常業的《西夏法律文獻〈新法〉第一譯釋》[註3] 對於《新法》第一的甲乙種本進行了拼接並逐條進行了意譯。認爲《新法》第一反映的法律內容是對《天盛律令》第一的補充，但不按《天盛律令》的體例與順序編寫，前後跨越。

　　對於西夏盜竊法的研究，在對《天盛律令》進行綜合性研究的著作中多略有涉及，專題性研究的論文只有寥寥幾篇。

　　王天順主編《西夏天盛律令研究》在對《天盛律令》的內容進行概要介紹時，涉及到了第三盜竊法的內容：「第 3 卷 99 條，分 15 門，主要是盜法，其次爲債權法。前四門依盜竊犯罪類型分別量刑。」[註4] 對 15 門進行了簡

〔註1〕史金波、聶鴻音、白濱譯注：《天盛改舊新定律令》，法律出版社 2000 年。

〔註2〕《寧夏師範學院學報》2009 年第 1 期。

〔註3〕《寧夏社會科學》2009 年第 4 期。

〔註4〕王天順主編：《西夏天盛律令研究》，甘肅文化出版社 1998 年版，第 13 頁。

介。

楊積堂《法典中的西夏文化：西夏〈天盛改舊新定律令〉研究》在《西夏的罪名體系》一節中有一小節《用周詳的治「盜竊罪」來維護封建私有財產》介紹了《天盛律令》第三的內容。作者認為「西夏法典關於盜竊罪的規定是十分周全和細緻的，通過這樣的規定，維護了財產所有權關係的穩定，定分止爭，保護了私有財產。」〔註5〕

杜建錄《〈天盛律令〉與西夏法制研究》中有一小節涉及到盜竊罪〔註6〕，對於盜竊罪中的強盜罪、偷盜罪、監守自盜罪、群盜罪、重盜罪、分贓罪、盜毀佛神地墓罪等罪名進行了簡單介紹。

姜歆《西夏法律制度研究——〈天盛改舊新定律令〉初探》在附錄《西夏法典〈天盛律令〉編纂內容概覽》中也對《天盛律令》第三的內容進行了簡介。〔註7〕

陳永勝《西夏法律制度研究》在《西夏刑罰的主要罪名》一節中有《嚴重侵害公私財物類罪名》一小節對《天盛律令》第三的內容進行了簡介。〔註8〕

邵方《西夏法制研究》在《西夏法典〈天盛律令〉中的罪名》一節中有《盜竊罪》一小節對《天盛律令》第三的內容進行了簡介。〔註9〕

以上六部以《天盛律令》為中心對西夏法律制度進行研究的專著中，對於西夏盜竊法基本上都是對《天盛律令》第三的簡要介紹，沒有進一步深入、細緻地研究。

相對以上專著來說，相關的專題論文對西夏盜竊法的研究更為深入。史金波先生《西夏刑法試析》〔註10〕一文較早地涉及到西夏盜竊法。他以盜竊罪為例說明了西夏刑法維護封建社會秩序的特點，還以偷竊罪為例對比了西夏與宋朝法律的量刑不同。

〔註5〕楊積堂：《法典中的西夏文化：西夏〈天盛改舊新定律令〉研究》，法律出版社2003年版，第66頁。

〔註6〕杜建錄：《〈天盛律令〉與西夏法制研究》，寧夏人民出版社2005年版，第33～35頁。

〔註7〕姜歆：《西夏法律制度研究——〈天盛改舊新定律令〉初探》，蘭州大學2005年版，第206～208頁。

〔註8〕陳永勝：《西夏法律制度研究》，民族出版社2006年版，第105～106頁。

〔註9〕邵方：《西夏法制研究》，人民出版社2009年版，第71～74頁。

〔註10〕史金波：《西夏刑法試析》，《民大史學》(1)，中央民族學院出版社1996年版。後收入《史金波文集》，上海辭書出版社2005年版。

　　近年來，青年學者董昊宇發表了系列研究西夏盜竊法的論文。他的《西夏法律中的盜竊罪及處罰原則——基於西夏〈天盛改舊新定律令〉的研究》根據《天盛律令》的相關規定並參考唐朝法律，對西夏法律中的盜竊罪及處罰原則進行了研究，包括西夏法律關於盜竊罪成立的規定、處罰盜竊罪的基本原則、盜竊罪的加重處罰因素和盜竊罪的減輕處罰因素等。〔註11〕他的《〈天盛律令〉中的比附制度——以〈天盛律令〉「盜竊法」爲例》闡述了《天盛律令》對比附制度的運用、《天盛律令》處斷盜竊罪的比附形式、《天盛律令》使用比附的前提條件，認爲比附制度對《天盛律令》的完善有重大意義。〔註12〕他的另外一篇論文《論西夏的「以贓斷盜」——以〈天盛律令〉爲中心》〔註13〕認爲中國古代刑律大多依據贓值的多少來對盜竊罪定罪量刑，計贓論罪也就成爲歷朝法典判處盜竊罪的標尺。然而贓物種類龐雜且價格迥異，因此平贓原則應運而生，成爲計贓論罪的重要補充。再加之具有補救性質的追贓措施，形成了一整套以「贓」爲核心的處斷盜罪體系。西夏法律《天盛律令》不但承襲了中原王朝的立法精髓，而且其根據本國實際情況的司法調整也更顯實用，同時從側面反映了西夏社會經濟生活的某些狀況。

　　總之，對於《亥年新法》與西夏盜竊法的研究目前尚處於起步階段，相關的研究成果較少，這就需要西夏學者在這一領域加倍努力耕耘。

〔註11〕董昊宇：《西夏法律中的盜竊罪及處罰原則——基於西夏〈天盛改舊新定律令〉的研究》，《西夏研究》2010年第4期，第34～39頁。

〔註12〕董昊宇：《〈天盛律令〉中的比附制度——以〈天盛律令〉「盜竊法」爲例》，《寧夏社會科學》2011年第5期，第98～102頁。

〔註13〕董昊宇：《論西夏的「以贓斷盜」——以〈天盛律令〉爲中心》，《西夏學》（第7輯），上海古籍出版社2011年，第94～99頁。

第一章　西夏文《亥年新法》第三譯釋

　　現存《亥年新法》第三有甲、乙種本。甲種本 26 頁，每半頁 7 行，每行 17 字左右。乙種本 33 頁，每半頁 6 行，每行 14 字左右。乙種本較甲種本更為清晰、完整。本文首先以乙種本為底本，校以甲種本，對《亥年新法》第三進行對譯，然後進行意譯。

　　說明：①第一行的前兩個數字是原圖版編號，第一個數字意為《亥年新法》第三乙種本共有 33 頁，第二個數字為頁數，第三個數字為行數；②一個西夏字對譯為兩個或兩個以上漢字時，漢字為六號字體；③西夏文為虛詞，對譯的漢字以〈〉表示。

（33—1—1）
𗼕 𘀋 𘍞 𗢳 𗠉 𘄒
亥年法新三第
譯文：亥年新法第三

（33—2—1）
𘍞 𗢳 𗠉 𘄒
法新三第
譯文：新法第三

（33—2—2）
𗰗 𗑗 𘇋 𗆐 𗧠 𘝶 𘕿 𗧠
做具執強盜及人盜
譯文：執器械強盜及人盜

（33—2—3）

縱 豔 帆 豰 絊 恢 稦

群盜知覺罪舉爲

譯文：群盜知覺罪增加

（33—2—4）

繎 綖 繞 疏 腕 豰 絊 緻 肵

常住盜借用分罪免減

譯文：盜常住借分用罪減免

（33—2—5）

縱 靴 帆 糦 繞 縱 豔 牏

官錢中物盜群盜算

譯文：盜官中錢物算群盜

（33—2—6）

疿 騂 蕊 祹 秡 糦 移 稦

節親互相畜物取爲

譯文：節親互相取畜物

（33—2—7）

豔 蕊 靲 豿 衪 移 豵 繎

盜者等告舉賞給順

譯文：相盜者等舉報給賞法

（33—2—8）

緂 藗 靲 豰 誻 祹 秡 糦 移 豔 肵 絯

父母等子孫之畜物取盜減與

譯文：父母等盜取子孫之畜物與減

（33—2—9）

縱 豵 牦 蕊 豔

頭監同相盜

譯文：同頭監相盜

（33—2—10）
[illegible]
以下檢校巡檢盜審
譯文：巡檢、檢校以下審盜

（33—2—11）
[illegible]
都巡檢處局分案審不做
譯文：都巡檢處（於）局分不行審案

（33—2—12）
[illegible]
盜錢物等有處追蹤
譯文：追蹤有盜錢物處

（33—3—1）
[illegible]
敵之盜爲賠給
譯文：盜竊敵人賠償

（33—3—2）
[illegible]〔註 1〕
盜罪恩依解脫不解脫盜雜罪二種犯
譯文：盜罪依恩解脫不解脫盜雜罪二種犯

（33—3—3）
[illegible]
牲畜禽鳥物私得
譯文：私得牲畜家禽物

（33—3—4）
[illegible]

〔註 1〕此行是兩條條目，但寫在了一起，「[illegible]」，爲另外一條條目。

盜人且謀智清人
譯文：盜人且謀智清人

（33—3—5）
𘋠𗳾𗥃𘃡𗤒𗤳𗿒𗗙𘍍
庫局分官物盜自共_{舉報}
譯文：庫局分盜官物互相舉報

（33—3—6）
𗫐𗭴𗤼𗤒𘕕𗤺𗾔𘋁
寺屬人盜罪犯爲除
譯文：寺院所屬人犯盜罪爲除

（33—3—7）
𘓯𗥜𘕾𗤺𗼲𗏹𘊴𗧉𘟂 〔註2〕
父母死子年小債_{借債索取}
譯文：父母死子年小索取借債

（33—3—8）
𘊴𗤶𘟣𗦳𗓋𗾔𘕣𘉐𗼃
取債典有期限不定爲
譯文：取債典當期限不定爲

（33—3—9）
𘊴𗳾𘟙𗾱𘕣𘕆
債不得工不施
譯文：債未得不典工

（33—3—10）
𘊴𗤶𘟣𘏅𘓋𗝢𗤶𘔼𗧉𗼲𗾔𘔊
債取典者逃跑取相等日量給
譯文：相借者限期還

─────────────────

〔註2〕此字據甲種本補。

（33—3—11）

𗌁 𗏹 𗟲 𘄡 𗊱 𘋒 𗟲 𗴖

舍屋畜地田典回報爲

譯文：居舍、牲畜、土地典當回報

（33 —3—12）

𗷝 𗤋 𗵤 𗣼 𘕿 𗣔 𗄈 𗤒 𗵤 𗟲 𘃡

人盜罪恩依^{解脫}亦賣應人追蹤

譯文：盜人罪依恩解脫亦應追蹤賣人

（33—4—1）

𗀔 𗥩 𗵒 𗣼 𗰷 𗷝 𗤒 𗗚 𗤝 𘕿 𗟲 𘆡 𗸯 𘝞

　律令上諸人官私〈〉盜爲中物屬者守

　　（33—4—2）

　　𗱕 𗸯 𗗚 𘓚 𗥩 𗷝 𗣔 𗟱 𗝠 𗤋 𗄈 𗷚 𗯴 𗥺

　　護者之逼懼人傷殺等強盜〈〉算〈〉武

　　（33—4—3）

　　𗂾 𗸁 𗸰 𗸁 〔註3〕 𗯮 𘊝 𘕿 𗱷 𗨔 𗄈 𗵒 𗴲 𘉞 𗈀 𘐥

　　器執不執錢價依二種罪情〈〉有及又

　　（33—4—4）

　　𗴮 𗴮 〔註4〕 𗤋 𗟲 𗣼 𗸁 𗮔 𗱕 𗸯 𘃡 𗸭 𘓱 𘉞 𗥩

　　偷盜做具執守護者居木柄物種

　　（33—4—5）

　　𘊝 𗭺 𗴮 𘓚 𘘝 𗷚 𗸁 𘕿 𗾈 𘈧 𘓚 𗽀 𘐥 □□ 〔註5〕

　　種割盜等者兵器執變不算等說具□□

　　（33—4—6）

　　𗸭 𗀔 𗸁 𗟲 𘈧 𘕿 𗱕 𗸯 𗾈 □□□□□ 〔註6〕

────────────

〔註3〕前五字參見《俄藏黑水城文獻》第 8 冊第 79 頁。

〔註4〕此字原爲重複符號「3」。

〔註5〕最後兩字殘缺

〔註6〕以上大約缺失五字。

器〈〉執物屬監護者與□□□□□

（33—4—7）

𗅁𗄻𗿞𗟲𗖰𗟩𗄛𘕿𗸦𗙴𗠟𘕺〔註7〕
盜持時偷強盜何〈〉決斷及又人盜與

（33—4—8）

𗩾𗙴𗄛𗧚𗸦𗪊𗣼𗤀𘓂𘏨𘊝𘄽𘕿〔註8〕
一律罪情不明也語義〈〉驗〈〉則其盜

（33—4—9）

𗉓𗾟𗙴𗗚𗨁𗉹𗧒𗡞𗥃𗨁𘕺𘓂𗡊
而武器執者人物屬監護者人與不遇

（33—4—10）

𗾴𗤁𗏹𗾟𗙴𗄻𗤀𗏒𗨁𗪽𘕿𗢤
亦本上武器執順心本意應物主人

（33—4—11）

𘈷𘕺𗉹𗨁〔註9〕𗴆𘕺𘊝𗄻𘜶𘃨𗗚𘏨𗤀
追捕人者等與遇時爭鬥用恃所心

（33—4—12）

𗴈𘝼𘈩𗽭𗤁𘏨𗤀𗡞𘊝𗨁𘓂𘊝𘄽
態為者自然明顯也物屬者與遇判

（33—5—1）

𗡞𘈣𘜃𗾴𘙷𘊝𘕾𘈷𗩾𘕿𗾴𘊒
應有無上區分量寫不樣人盜亦其

（33—5—2）

𘏨𘈷𗧒𘕺𘏨𘞪𘅝𘄽𗣼𘜶𗡞𘕿𘔼
後諸物與不像口有說語生盜應人願

（33—5—3）

𘏨𘈣𘝼𘕾𘄽𘉋𘏨𘙜𘕿𗟲𗤁𘝿𗿞𘕴

不願上〈〉有此後諸人盜〈〉〈〉往他之

（33—5—4）

𘃦𘓺𘌜𘉥𘍲𘞪𘖋𘕿𘅝𘟬𘋤𘒌𘓾

破損用武器〈〉執則盜意處〈〉明不

（33—5—5）

𘌗𘕎𘃆𘛣𘚧𘆸𘊅𘃩𘈉𘌵𘛿𘋹 ［註10］

明物屬者與察中應有無一律強盜

（33—5—6）

𘉥𘉠𘉢𘎂𘉲𘋹𘕎𘟢𘍽𘅝𘛿𘅳𘅾 ［註11］

兵器執〈〉算人盜者盜所人不願迫

（33—5—7）

𘋘𘛿𘍘𘟫𘔧𘛿𘋹𘝤𘅳𘅦𘉴𘕿𘅦𘏹 ［註12］

迫強以持則強盜又願願〈〉持我說則

（33—5—8）

𘟫𘞪𘋹𘚧𘂋𘅦𘗽𘑧𘇅𘉥𘚧𘗍𘕸𘗼 ［註13］

偷盜等〈〉爲錢價罪承順律令依〈〉順行

譯文：一《律令》中「諸人盜官私物，威逼物屬者、守護者，殺傷主人等，當以強盜論。」持不持武器依錢價有兩種罪情。此外「偷盜持器械，守護者在，以木棒損種種物盜者，不以持武器論。」……持武器與物屬者、監護者……盜持時，偷、強盜如何判斷，及後盜人一樣罪情不明，已檢語義，則其盜執武器者與物主、守護者不遇，原本執武器用心本意是遇物主人捕捉者等時，恃以爭鬥用，此心態顯明，與物屬者相遇，有無交手，不用分別量寫（判），而後與物品不符，有不同說法，所盜人願不願，此後諸人往盜損傷他人，執武器則盜意明不明，與物屬者有無交手，一律算執武器強盜。盜者對被盜人違願強迫強奪則爲強盜，（被盜人）說：「我願意拿出」，則爲偷盜，當按錢價承罪，依《律令》施行。

〔註10〕以上三字缺失，據甲種本補。
〔註11〕以上五字缺殘，後四字據甲種本補。
〔註12〕以上五字缺失，據甲種本補。
〔註13〕最後兩字缺失，據甲種本補。

（33—5—9）

𗵂𗸍𗰗𘊃𗘂𗷓𘒧𗤶𘚜𗥃𗋽𘃡𗙏𗜓𘝞𘒧𘕢𗖰𘊮

一律令中諸人盜謀中不有知曉物分吃買債

（33—5—10）

𗄈𗵂𘝏〔註14〕𘄴𗫤𘚷𘜶𗯖𗠁𘒧𗵂𗵂〔註15〕𘒫𗋽𘃡𘒧𗲉𗻤

價取寄典使等者偷強盜一一〈〉〈〉罪階明如

（33—5—11）

𘐄𗮔𗵂𗥃𘃤𗫤𗤛𘄴𘎤𘚜𘒧𗋽𘒫𘃡𘝞𘄴𘘚

一等數退決斷名〈〉有群盜知曉之罪何為

（33—5—12）

𗯖𘌞𗵂𘚜𘚜𗘂𗷓𘎤𗠁𘚜𘒧𗯖𗒘𗻤�u𗘂𘒧

不明也群盜一種偷強盜與不似畜物少大

（33—6—1）

𘄴𗋽𘒧𘚞𗘂𗯖𘘚𘄴𘒫𗉞𗉕𘄴𗙏𘄴𘒦𘄱

何手〈〉入一律心起正副應無殺斷家門連坐

（33—6—2）

𘃡𘊳𗏹𘊃𘒧𘗘𘒧𗊄𘘚𘊳𗘩𗵁𘊃𘕀𘒧𘚜𗋽𘒫

罪重語大〈〉至處也依重輕相上〈〉量群盜知曉

（33—6—3）

𘝞𘒧𘄴𗮔𘃡𘊮𗄈𗵂𘝏𘄴𘒧𗫤𘜶𗤊𘉯𗚽𘟙𗠁

物分持又買債價取寄典〈〉使者有時八年

（33—6—4）

𗺓𘊇𗋕𗵂𘄴𗫤

自代上〈〉決斷

譯文：一《律令》中「諸人未參與同謀盜，知覺分持物，買、抵債、寄典當等，視偷盜、強盜罪情，各比從犯罪情減一等判斷」已有，群盜知覺之罪何為不明也。群盜一種與偷、強盜不同，畜物多少，如何入手，不分造意、主從一律殺斷，家門連坐，按罪重事大，相較輕重度量。有知覺群盜分持物，

〔註14〕原字減字，在右側添加此字。
〔註15〕原字為重複符號「𒊹」，在前一字右側添加。

買、貸、取量、寄典者時，當判八年至長期徒刑。

（33—6—5）

𗿎 𗽀 𗱈 𗾔 𗟲 𗭷 𗫨 𗾔 𗮅 𗌲 𗯴 𗫤 𗗚 𗎨 𗺝 𗆐 𗾐 𗥫 〔註16〕

一律令中諸寺廟道觀等常住物中局分小大手

　　（33—6—6）

　　𗫨 𗉻 𗤌 𗏹 𗉻 𗤂 𗅲 𗮅 𗌲 𗤂 𗤧 𗭷 𗅲 𗎭 〔註17〕

　　有盜持時罪判為順官物與〈〉同謂〈〉

　　（33—6—7）

　　𗳤 𗫗 𗉻 𗾔 𗫗 𗥫 𗮅 𗏹 𗭷 𗌲 𗌢 𗭷 𗣍 𗺄 𗑉 〔註18〕

　　不然貸用分償擲棄免減為然明顯又〈〉不

　　（33—6—8）

　　𗱞 𗫗 𗮅 𗌲 𗫗 𗫨 𗺝 𗟎 𗴮 𗥫 𗾔 𗤂 𗯴 𗪁 𗷸 𗿎 𗨁

　　有其常住官物語略自共同同一理是也依

　　（33—6—9）

　　𗺝 𗫗 𗾔 𗦻 𗾔 𗏹 𗉻 𗱞 𗾔 𗮅 𗾔 𗆄 𗫗 𗥫 𗨁

　　此後其如有時罪判遣行順皆亦官物法依

　　（33—6—10）

　　𗫗 𗫨 𗾔

　　〈〉施行

　　譯文：一《律令》上載「諸寺廟、道觀等常住物中，大小局分盜持到手時，判罪法與（盜）官物相同」，然而，借貸分還損失減少已明確以外，（盜）常住應與（盜）官物情節相同，此後如有時，判罪行遣法亦依官物法施行。

（33—6—11）

𗿎 𗽀 𗱈 𗾔 𗱞 𗥫 𗉻 𗫤 𗥫 𗮅 𗱞 𗫨 𗫤 𗫨 𗯴 𗱞 𗫗 𗺝

一邊中京師官錢穀物縛有和眾護法常住庫

〔註16〕最後三字殘缺，據甲種本補。

〔註17〕最後三字殘缺，據甲種本補。

〔註18〕最後三字殘缺，據甲種本補。

（33—6—12）

𗰒𗴿𘓨𗣑𗒹𘍞𗧓𗖻𗘈𗘈〔註19〕𗰒𗴿𗣷𗥛𘃡𗻮

局分小大人他人與議自己局分庫中常住

（33—7—1）

𘗠𗈪𗋽𗣰𗥉𗴿𘍞𗤁𘍲𘍞𗨢𘓨𗣷𗰒𗴿

官物盜挖時他人純眞五人如則庫局分

（33—7—2）

𗥠𗋽𗖻𗠇𘘓𗰒𗴿𘒣𘃽𘓨𗯟𘑘𗳆𗴭𘗦

與盜議罪共〈　〉犯用重輕高下爲邊無也

（33—7—3）

𘓨𗣷𗰒𗴿𗴿𘍞𘅤𗣰𗠬𘄂𘓨𗥠𗜓𗢳𗤙

依庫局分他人等與一律群盜〈　〉算〈　〉決

（33—7—4）

𗭉𗴿𘍞𗤁𘍞𗰒𘍲𘓨𗥠𗭗𗰒𗢳

斷他人五人未及則群盜變不算

譯文：一邊中、京師官錢、穀物繫屬僧人、道士常住庫大小局分人，與他人謀議，盜竊自管局分庫內常住、官物時，他人確已滿五人，則與庫局分共犯議盜罪，其輕重高低按「不應」條法，庫局分與他人一樣當按群盜判斷。他人不足五人，則莫以爲群盜。

（33—7—5）

𗣑𘔼𘍞𘍵𗭉𗈪𘓨𗠬𘘋𗅲𘎆𗁬𘋢𘃡𘎶𘋢

一諸人相互畜物盜爲中節親有有者喪服近

（33—7—6）

𘕿𘘋𗨂𘔂𗤊𘎆𘘓𗥕𘉐𗗙�𘋙 𗣑𗴿〔註20〕

遠依罪退減順律令上明顯雖然也其

（33—7—7）

羆蘱茷孙酕藬孩移畿豼豼蘱羘 𧆩烋 〔註21〕

自然相互畜物取爲一種節親依罪退不

（33—7—8）

𧆩豼豼蘱蘱烋俊齟緻羘毧羺瓩蘞疜豼

退轉說中〈　〉不有盜者罪重語大是亦親

（33—7—9）

羸蘱𧆩羘移茪緻縳酕藬孩移緻羘颩緻

節依退減爲中量則畜物取爲因罪全受

（33—7—10）

祗荔絹瓝緻羸豼移茪荒孙酕藬孩移羸羖

使盪無此後節親人人相互畜物取爲有時

（33—7—11）

羘𧆩豼移茪豼齟荔緻鴄

罪退減爲順親盜與〈　〉同

譯文：一諸人相互盜竊畜物時有節親者，依喪服遠近退減罪法《律令》已明確，但其相互拿取畜物一種，依節親罪退不退減指示中未載，盜者爲罪重事大，也按親節退減算，因拿取畜物可不令承全罪。此後有節親人相互取畜物時，退減罪法與盜親相同。

（33—7—12）

移颬䖝帰羸毧羘祋蘱齟豼畿𧆩荔𧆩縊颬

一國家內諸人罪犯中盜一種其後與不類國

（33—8—1）

瓩蘪茷孙緻羘豜袜毂移豵移蘱儀齟

本百姓之損減斷擧門開爲用也依強盜

（33—8—2）

綱级麤旇尾敫貓貓 〔註22〕齟黢级級旇尾報蘰繆茫

四年起以上又偷盜六年以上等得義有

（33—8—3）

救 羸 羸 〔註23〕 絲 絲 懭 蘱 薮 瀡 獬 靴 牧 湴 莶 湴 努

數自己妻妻媳使軍奴僕等〈 〉舉實時願

（33—8—4）

死 牧 絲 齈 荔 批 骸 蘱 羸 編 辤 湴 籸 尗 羸 齈

處〈 〉過盜者知止中自共互告舉過亦己上

（33—8—5）

籿 骸 骸 靯 骍 骸 甀 羊 薮 骸 牬 凞 蘱 湴 骻羊 〔註24〕

罪少大何有數皆〈 〉解他人法依舉賞當

（33—8—6）

絈 榍 厖 菀 骍 祐 絈 瀡 蘱 骽 骻 絞 絚骸 〔註25〕

得巡檢人則賞得順中官一種律令

（33—8—7）

瀤 羊 絡 凞 扻 祐 絲 絚 骸 齈 骍 骸 牨 筋 饙骸 〔註26〕

依〈 〉為不有賞者律令上有數價〈 〉量他

（33—8—8）

牨 齈 骸 湴 骸 〔註27〕 骻骹 瀡 絲 凞 瀤 齈 牨 齈 牧 骹

人盜見舉捕賞給然明法依盜人中〈 〉落

（33—8—9）

骹 蘂 骸 鈑 緂 勽 蘲 〔註28〕 羆 尗 骹 炙 絳 齈 骸 絥 骹

不得家門力〈 〉贈其亦不足則盜知物分

（33—8—10）

籿 蘲 骹 祇 牧 榍 骭 移 彥 鈑 齈 牧 骹 羆 菀

買典處使販賣語為者等中〈 〉落其且

〔註23〕原文為重複符號「3」。

〔註24〕以上兩字殘缺，據甲種本補。

〔註25〕最後兩個字缺失，據甲種本補。

〔註26〕最後兩個字缺失，據甲種本補。

〔註27〕此字原字減字，在右側補寫。

〔註28〕前兩字之間右側有顛倒符號「∨」。

（33—8—11）

𗰀 𘈕 𗴩 𘂤 𘞮 𗡅 𗵑

亦不得則官依〈　〉給

譯文：一全國諸人犯罪中盜一種，與此後不同。對損害國本百姓（罪）按舉報解家門所用。強盜獲四年以上，及偷盜獲六年以上等有時，自己妻子、兒媳、使軍、奴僕等所舉是實，可往樂意處；相盜知覺者自相舉報，自己有何大小罪，悉數當解脫；他人依法當得舉報賞，巡檢人得賞法依《律令》當得一種官。此外賞錢，按《律令》上有當量數價，按見他人盜，舉報、捕捉賞法明確，依律當由盜人出。不能（出），家門出償工。其亦不足，則當令知盜分物、買、典當物處、販賣中間人出。其亦不能，則當由官給。

（33—8—12）

𗹰 𘉒 𗼺 𗄭 𘎑 𗟵 𘕣 𘜒 𘕰 𘜄 𘜃 𘓱 𗂧 𗣊 𘟣 𗟤

一律令上高祖父公母岳父母等自己子孫

　　（33—9—1）

　　𘙤 𗾑 𘓱 𗼅 𗥃 𗫡 𗱚 𗇋 𗼅 𗰦 𘃜 𘞮 𘟤 𗶷

　　曾玄孫 玄孫等之畜物盜爲之語節明顯〈　〉有

　　（33—9—2）

　　𘉒 𘂆 𘌄 𘕰 𘈚 𘈇 𗡅 𘉒 𗇋 𗠁 𗠆 𘈇 𗠋 𘙤

　　不然自然寬廣用分爲時何云遣行義

　　（33—9—3）

　　𗱚 𗄑 𘃡 𘈚 𗇋 𘙤 𘂤 𘎯 𗰦 𘞮 𘟤〔註29〕𘜒 𗇋 𘂆 𗇋

　　明耀非也語義〈　〉察〈　〉則子孫盜爲者語

　　（33—9—4）

　　𗰐 𘉺 𗰀 𘕣 𘜄 𗟵 𗾑 𘈚 𘆴 𗇋 𘃜 𗥃 𘞮 𘂤 𘈕

　　重是亦父母等罪不量盜畜物得則賠

　　（33—9—5）

　　𗇋 𗼺 𘉒〔註30〕𘞮 𘈕 𗇋 𘉒 𘐣 𘔼 𗖍 𗏒 𘟣 𘝞 𗒹 𘜃

〔註29〕前兩字之間右側有顛倒符號「∨」。

〔註30〕前兩字之間右側有顛倒符號「∨」。

爲得不則償爲不用若屬者自拔贖求

（33—9—6）

[illegible]〔註31〕

亦先父母價何〈〉取數量〈〉回爲說用上

（33—9—7）

[illegible]〔註32〕

量則自然寬廣用分者其於彼不都未虛差

（33—9—8）

[illegible]

此後其如失犯者有時情由互相盜與〈〉

（33—9—9）

[illegible]

同其中父母等〈〉用分處價未取〈〉諸

（33—9—10）

[illegible]

贖賞給不且其順〈〉逼迫子孫人〈〉囑咐爲

譯文：一《律令》中高祖、祖父母、父母等盜竊自子、孫、曾孫、玄孫等之畜物，已有明顯情節，並隨意分用時，應如何遣行（處理）並不明確。核查語義，說盜子孫是言重，父母等不量罪，所盜畜物不能賠償則不須賠償。若屬者自欲取回，亦先度量父母所取何價數量，比隨意分用者減低□□。此後其如有逆犯者時，與互相盜情狀相同，其中父母已分用處未取價一種，無須給贖賞，當催促、託付子孫。

（33—9—11）

[illegible]

一頭監同使軍奴僕互相互相盜爲一種

（33—9—12）

[illegible]

〔註31〕最後兩字殘缺，據甲種本補。

〔註32〕最後兩字缺失，據甲種本補。

律令上明顯又有然盜處物有者使

（33—10—1）

𗥃 𗧃 𗤦 𗰣 𗆒 𗧊 𗧊 𗣼 𗙏 𗉗 𗤛 𗧋 𗯛

軍等自實〈〉盜賣〈〉頭監〈〉給囑為義

（33—10—2）

𗖵 𗫭 𗺉 𗒾 𗏹 𗰣 𗥃 𗙏 𗦇 𗭸 𗨙 𗣼 𗣼 𗧊

中〈〉有上量則使軍之物盜為情由頭

（33—10—3）

𗣼 𗥃 𗰣 𗏷 𗰣 𗯛 𗫂 𗤦 𗙏 𗦇 𗨙 𗖵 𗭸

監上縛而〈〉應是他人之盜為變算邊

（33—10—4）

𗥃 𗧊 𗣼 𗙏 𗦇 𗨙 𗱩 𗟱 𗖵 𗧊 𗉏

無頭監〈〉盜為法依〈〉施行

譯文：一同一頭監使軍、奴僕互相為盜一種，《律令》上明確，然盜處物屬者使軍等自實盜賣為頭監囑咐所為，量罪為盜使軍情由，應係頭監上，不應算作盜他人，按盜頭監法施行。

（33—10—5）

𗤙 𗤧 𗴢 𗤛 𗧊 𗤦 𗰺 𗋽 𗖵 𗥃 𗱩 𗣼 𗨙 𗯛 𗲲 𗟱｜［註33］

一巡檢小及以下檢校等貪無盜非打擊死

（33—10—6）

𗤙 𗴖 𗤦 𗤛 𗧊 𗧃 𗤜 𗥃 𗧊 𗶜 𗖵 𗧊 𗤧｜［註34］

時罪重輕何為律令上不明使人事縛人

（33—10—7）

𗤧 𗖵 𗱩 𗲲 𗤛 𗤺 𗰺 𗤜 𗧊 𗥃 𗖵 𗧊 𗤧｜［註35］

打殺法依決斷且又自然〈〉使人與

〔註33〕此字缺失，據甲種本補。
〔註34〕最後兩字殘缺，據甲種本補。
〔註35〕此字殘缺，據甲種本補。

（33—10—8）

𗗙𗣫𗤓𗅆𗏹𗣼𗙴𗤗𗦳𗣺𗤻𗦜𗳒𗬩

不像地以內盜贓減斷者是律令上亦

（33—10—9）

𗣫𗧢𗤻𗬚〔註36〕𗤋𗄊𗅆𗏹𗤻𗣉𗦤𗤜𗥔𗤴

盜人捕〈〉三日以內都巡檢處〈〉驅若

（33—10—10）

𗣫𗥃𗤻𗦻𗢳𗠋𗄊𗤻𗫺𗤻𗹥𗨠𗦬𗧢𗤴

盜者捕指應有時日緩中不算爲諸人等

（33—10—11）

𗉝𗤻𗤛𗠋𗤻𗗙〔註37〕𗠋𗓱𗰔𗲲𗸯𗤻𗦜𗳒𗠋

只關者有捕不時罪節下上〈〉指爲用

（33—10—12）

𗤴𗗙𗤻𗤚𗓱𗟟𗧂𗄊𗿊𗸯𗤻𗨠𗦜𗥔

等上量則罪全承使暫〈〉重用〈〉定諸

（33—11—1）

𗗙𗤻𗢳𗣏𗅜𗗙𗥃𗫺𗦜𗳷𗦳𗿢

司與同類使司章中算審杖過過

（33—11—2）

𗗚𗵐𗤶𗦠𗣉𗠋𗳒𗳷𗤚𗦜𗦤𗣺𗰤

法依〈〉爲說且小巡檢小以下檢校

（33—11—3）

𗤴𗍖𗆧𗧢𗤻𗤛𗫸𗓱𗧨𗤼𗤻𗤛𗤴𗴖

等〈〉多人少〈〉多罪躲自禁者何幾

（33—11—4）

𗧾𗤻𗳷𗢳𗏹𗍖𗸘𗈛𗫺𗤻𗴖𗓱𗤋𗤶

有不明食貪情面私思因隨罪微依

〔註36〕此二字之間右側有顚倒符號「∨」。
〔註37〕此二字之間右側有顚倒符號「∨」。

（33—11—5）

𗂧𗷀𗺓𗺓〔註38〕𗋬𗌮𗲲𗤋𗢭𗰖𗵐𗼃𗆫𘂤𗟻𗶥

靠以禁止人捕捆禁打打家人傷傷者多

（33—11—6）

𗤻𗹬𗹬〔註39〕𗴖𗋬𗲉𗷀𗲲𗮈𗴂𗼨𘄄𗢭𗷅

為直接盜人〈〉捕不審都巡檢棄〈〉

（33—11—7）

𗙏𗷀𗴖𗏭𗔆𗼻𗲲𗧁𗴢𗏖𗹙𗤋𗲲𗎴□〔註40〕

將及盜一種其不功〈〉勤事與不像□

（33—11—8）

𗰔𘁀𗭼𗏤𗜓𗣛𘈁𗲲𗪚𗆞𗺙𗰢𘘞

喜中敵寇像為他之家門損壞永儲

（33—11—9）

𗧁𗫡𗤻𗱂𗴖𘕕𗌮𗲲𘕕𗤆𗼃𗷀𗆫

寶物無理盜執此如不道邪會人人

（33—11—10）

𗱸𘁀𗄈𗷀𗔣𗴍𗝠𗴂𗲲𗤻𗷄𗤿𗢭𘝤

之重緊以降伏除斷〈〉義先始捕手

（33—11—11）

𗤋𗘿𗷒𘃨𗴖𘊟𘂤𗤋𗔆𘒏𗮈𘊁𗴖

〈〉入時前盜者有無不都未審問則盜

（33—11—12）

𗂧𘃨𘄬𘜶𘃨𗸲𗄈𘃟𗟲𗲉𘘞𘜶𘒏𗮈

者人次第者告堡_{起火}捨棄逃跑審問

（33—12—1）

𗤋𗲉𘜶𗤿𘜶𗸲𗤋𗈪𘜶𗴖𗴢𘜶𗎽

斷判中半有半無慢待本為盜贓

〔註38〕原文為重複符號「𤛮」，在下一字右側添加。
〔註39〕原文為重複符號「𤛮」。
〔註40〕此字殘缺不辨。

—21—

（33—12—2）
[illegible]
茂盛不安損思應〈〉有依此後諸

（33—12—3）
[illegible]〔註41〕[illegible]
人盜贓入〈〉有狀告只關者有又疑

（33—12—4）
[illegible]
心不覺捕手入等一律律令上日量

（33—12—5）
[illegible]
明以內巡檢小以下檢校人盜者

（33—12—6）
[illegible]
依是也〈〉盜贓盜物何有處等共若干

（33—12—7）
[illegible]〔註42〕[illegible]
〈〉審細細〈〉追蹤審杖承應義小數承

（33—12—8）
[illegible]
使其審杖過過人死時諸司審杖過過

（33—12—9）
[illegible]〔註43〕[illegible]
人殺罪如以下檢校一等巡檢小二等時

（33—12—10）
[illegible]
等次第〈〉舉爲

〔註41〕甲種本此處是「[illegible]」，意爲「告」。
〔註42〕原文爲重複符號「3」。
〔註43〕此字在前後兩字之間右側補寫。

譯文：一小巡檢以及以下檢校等，無貪、非盜擊打死（人）時，罪輕重如何，《律令》上不明確，按使人打殺當事人法判斷，其與所使人不像，地方內是盜贓減斷者，《律令》上亦當捕盜人。三日以內，當置於都巡檢處。若捕盜有所見時，不算日期遲緩。諸人等有只關者不捕時，度量罪情高下等所示，使承全罪，暫以重者定，令與諸司同等類司等中算，超過問杖數，依法當爲。小巡檢以下檢校等已多，由少成多，避罪自禁者有幾何不明，因受賄、講情面、徇私，以輕罪怙恃捕、捆縛拷打禁人，傷害居民者多，所捕眞正盜人不審，直接欲置於都巡檢處。另盜一種不公，與所辦公事不符，□喜中像敵寇，損壞他之家宅，永儲寶物無理持盜。對如此不道貪人，應從重降伏、除斷。初始捕已入手者，訊問原有無同盜，審問則次第，有報告捨棄逃跑，審問判決中半有半無，爲滯待根本。盜贓泛濫不安，據所損失，此後諸人盜贓已有，有狀告只關者，又疑心未覺，捕到手等，一律按《律令》上期限內，小巡檢及以下檢校人按同盜是也。盜贓盜物何處有等，共有幾何當問，當細細追蹤，使其承受審杖。使其承審杖數過度，人死時，比諸司審問超過審杖死人罪，檢校一等、小巡檢二等依次第增加。

（33—12—11）

𗯟𗥃𗧁𗨳𗆟𗏴𗤒𗌭𗐫𗨍𗢸𗬩𗎣𗐁 〔註44〕𗯟𗪍

一都巡檢上縛而巡檢小檢視且正直盜事

（33—12—12）

𗎦𗆟𗙏𗹦𗬥𗜓𗪰𗔨𗸋𗶦𗉟𗫂𗗟𗨢

到牽連人捕驅禁止及局分都案案頭

（33—13—1）

𗷆𗎦𗆟𗸋𗥼𗾟𗋅𗍫𗪍𗥢𗟭𗐽𗆟𗥼

司吏數〈　〉屬大旨指依事縛人驅遣立

（33—13—2）

𗧂𗓋𗼃𗄈𗵒𗇋𗈳𗾟𗷒𗂧𗄈𗥼

使分析狀入文字遣送頭舉爲者等

〔註44〕原文爲重複符號「𖿢」。

（33—13—3）

𗫡 𗗙 𗥃 𘝵 〔註45〕 𗄈 𗿒 𗥃 𗉛 𗙻 𗣼 𗼽 𗼽 〔註46〕 𗲲 𗍫 𗣊

是中大處旨指言無自人謀私下人召逼

（33—13—4）

𗵒 𘕯 𗄈 𗏁 〔註47〕 𗊶 𗿒 𗄈 𗿒 𗋽 𗄈 𗫡 𗼽 𘄢

迫者遣鬥言教 教訓等何 〈 〉 轉行律

（33—13—5）

𗵒 𗏃 𗥃 𗥃 〔註48〕 𘝵 𗗙 𘝵 𗈁 𗱕 𗫡 𗼽 𗥃 𗄈

令上自己都巡檢司章薩寺事職何

（33—13—6）

𗠝 𗼽 𘐋 𗥃 𗥃 𗉛 𗣊 𗄈 𗫡 𗵒 𗄈 𗣼

執依罪承然明顯雖然其本起盜

（33—13—7）

𗥃 𗥃 𗏃 𗗙 𘝵 𘝵 𗿒 𗥃 𗥃 𗼽 𗣊

言因都巡檢處教訓言種有局

（33—13—8）

𗵒 𗫡 𗥃 𗥃 𗼾 𗥃 𗣊 𗼽 𗼽 𗫡 𗠝 𗗙

分檢視巡檢等盜畜錢物何 〈 〉 典 〈 〉

（33—13—9）

𗽐 𗼽 𗣊 𗥃 𘐋 𗙻 𗼽 𗼽 〔註49〕 𗣊 𗵒 𗣊 𗈁 𗥃 𗝴 𗄈

賣遣分用𗜓爲且私自逼迫 〈 〉 管大目前

（33—13—10）

𗼾 𗫡 𗄈 𗥃 𗈁 𗋽 𗄈 𘐋 𗥃 𗥃 𗼽 𗼽 〔註50〕 𗣊 𘐋

區分本心不服使自然自人送遣之罪

〔註45〕 此字原在下一字右側補寫，草書，根據甲種本釐定爲此字。
〔註46〕 原文爲重複符號「З」。
〔註47〕 此字音譯爲「鬥」。
〔註48〕 原文爲重複符號「З」。
〔註49〕 原文爲重複符號「З」。
〔註50〕 此二字之間右側有顛倒符號「∨」。

（33—13—11）

[illegible]

少大物都未其言辭爲則人利貪因隨

（33—13—12）

[illegible]

盜賠逼迫上壓食貪尋用爲義有義無

（33—14—1）

[illegible]〔註51〕[illegible]〔註52〕[illegible]

逼迫穿刺起頭勞苦皆上到去法法雜亂

（33—14—2）

[illegible]〔註53〕[illegible]

詔許茂盛何民民天作地造甲冑修馬與

（33—14—3）

[illegible]

離參差使盜賠畜物實是非道義依

（33—14—4）

[illegible]

追蹤應有無無明損思應強有除斷

（33—14—5）

[illegible]

用聖旨依法諸司分析者事到人中

（33—14—6）

[illegible]

敲打鬥爭索債謀大語少因問唇〈〉

（33—14—7）

[illegible]

縛局分處案問爲時法失罪承名〈〉

〔註51〕音譯爲「起」。

〔註52〕音譯爲「頭」。

〔註53〕此二字之間右側有顛倒符號「∨」。

（33—14—8）

𗼨𘚊𗧓𗐮𗉋𗷖𗗔𗌭𗏁𗧓𗉋𗓲

有案問爲然〈〉斷獄非逼然審杖

（33—14—9）

𗿒𗼜𗳠𗫊𗏁𗴲𗋽𗐮𗥓𗈀𗫊𗦜𗫼

少大〈〉承使小罪爲爲其上量則

（33—14—10）

𗀔𗩱𗿒𘈖𗷖𗉱𗌭𗾁𗡪𗫡𗳒𗩾

盜賠逼迫頭頸局分人等枉家人刺

（33—14—11）

𗮅𗣼𘏨𘈩𘓿𗩱𗉋𗷖𗉱𘛛𘕘𗉖𗭳

穿自人遣送半除一種其於彼重是

（33—14—12）

𘃐𗉱𗫼𗏁𗀔𗓱𗱅𗳠𗴴𗼜𗩱𗿒𗤶

此後盜畜賠物何〈〉指且〈〉逼迫都

（33—15—1）

𗸱𗱅𗣼𗦜𘈩𘄡𘎑𘎑𗏁𗦳𘝵𘈩𗥣

巡檢自實目前〈〉依使〈〉區分互相

（33—15—2）

𗡅𗸱𘄡𘘥𗏁𘉒𘗽𘍞𗉋𘜘𘝵𗮅𗰝

本心〈〉服使假若局分檢視巡檢等

（33—15—3）

𗩱𘏨𘜘𗫊𘝶𘝵𘟣𗫉𗱅𗐮𗫼𗤶𗀔

〈〉屬大人指揮本有上親爲盜畜賠

（33—15—4）

𗿒𗼜𗳠𘄡𘏨𘝶𗜓𗜓〔註54〕𗗔𘝵𗮅𘓿𗣼𘏨�ᠬ

物逼迫上詐騙私下人召刺穿自人遣

〔註54〕原文爲重複符號「𖿢」。

（33—15—5）

𗂟𗰜𗑠𗹙𗟩𗋽𗤋𗉞𗍔〔註55〕𗴛𗣼𗤋𗅁𗀔

送妄百姓傷害又遣鬥詐爲律令依

（33—15—6）

𗁬𗤊𗄬𗆮𗤋𗱀𘂛𗱘𗣼𗒹𗀔𗴴𗒆

重不有罪微有時案審爲依法失

（33—15—7）

𗢁𗤼𘊸𗫂𗤋𗥩𘊸𗈪𗤻𘜶𘓁𗁬𗌭𘈂

三年求有法斜貪罪與何〈　〉重上〈　〉

（33—15—8）

𗴀𗫂𗤊𗰜𗑠

決斷〈　〉順行

譯文：一都巡檢所轄小巡檢檢視者，催促眞正盜竊干連人，逮捕、拘禁，又局分都案、案頭、司史等依所屬大人指揮，令立驅遣當事人，過問分析入狀、文字行遣中，無大人處指揮語，以自己私意喚人逼迫者，遣鬥，上言指揮等如何行轉，按《律令》各自都巡檢司品何節次〔註56〕職位承罪雖已顯明，而因原起盜（發起盜者？）語，都巡檢處指揮有語種〔註57〕，局分檢視巡檢等，所盜畜錢物何已典當、賣、分用，私自逼迫，使在管事大人面前不同，本心不服，其各自行遣之罪大小確立，因小人貪利，催促償盜物時壓制求貪者，有理無理，逼迫、穿刺、起頭〔註58〕、勞苦，無所不至，律法雜亂，詐諂盛行，令百姓難以勞作活業（天作地造）、修造鎧甲，與馬參差。賠償所盜畜物實依是非道理、蹤跡有無未明，所思已有損害，需除斷，依諭旨，諸法分析者，對干連人拷打、鬥爭、催索，因情節輕微，已訴訟，局分處問案時，承失法罪名已有，非按問案法判斷，催促（逼迫）問，令承多少杖，而度量獲罪，催促（逼迫）賠償所盜，頭項局分人等，妄穿刺居民，自己行遣，半斷〔註59〕一種比其重。此後償還盜畜物何所見，當催促。都巡檢自實目前當使怙恃、分別，使相互本心服。若管事檢視巡檢等所屬大人指揮有語種時接

〔註55〕此字音譯爲「鬥」。

〔註56〕前兩字爲音譯。

〔註57〕語義不明。

〔註58〕語義不明。

〔註59〕語義不明。

近，逼迫償還盜畜物時欺詐，私自喚人穿刺，行遣，傷害庶民，並派人鬥詐，按《律令》重罪以外，有輕罪時，按問案法失法判三年。有貪贓枉法，與貪罪比依何重者判斷施行。

（33—15—9）

𗾝 𗰋 𗒹 𗱕 𗼕 𗼄 𗊱 𗤳 𗫂 𗼘 𗤻 𗾔 𗤁 𗗙 𗢭 𗘤 𗢤

一律令上盜物實有又〈　〉用分賠造得等不有

　　（33—15—10）

　　𗰖 𗫂 𗤻 𗱕 𗤻 𗣼 𗫂 𗤚 𗤻 𗫧 𗤤 𗫂 𗼄 𗒘

　　諸人處〈　〉處寄〈　〉賣〈　〉典爲借債債價

　　（33—15—11）

　　𗫂 𗏃 𗤳 𗆟 𗢭 𗒹 𗰖 𗤚 𗫴 𗤁 𗤳 𗤻 𗤚 𗤻

　　〈　〉給等何〈　〉指處〈　〉逼迫說用具不正錢

　　（33—15—12）

　　𗤤 𗤳 𗤚 𗤁 𗤚 𗤤 𗠁 𗣼 𗫴 𗤻 𗠁 𗢭 𗱕 𗼕 𗤚

　　一種逼迫義是非明顯實有盜人

　　（33—16—1）

　　𗼘 𗱕 𗤨 𗼄 𗫂 𗤚 𗤚 𗫴 𗢤 𗣋 𗢭 𗥃 𗦣

　　人盜畜物〈　〉賣價錢肉酒〈　〉飲食

　　（33—16—2）

　　𗰖 𗰖〔註60〕𗫂 𗱕 𗤻 𗤳 𗣋 𗤨 𗫂 𗼘 𗤨 𗤳 𗤻 𗫂

　　一切〈　〉用分等小都巡檢且其錢何所

　　（33—16—3）

　　𗱕 𗤻 𗒹 𗤚 𗤁 𗢭 𗵀 𗤚 𗤤 𗤤 𗤳 𗢤 𗢤 𗒘

　　用分處逼迫來使其者錢一種其後物

　　（33—16—4）

　　𗢭 𗦣 𗤦 𗵀 𗫒 𗗂〔註61〕𗤤 𗵀 𗤚 𗤦 𗢤 𗤚 𗼘〔註62〕𗤦〔註63〕𗫧

〔註60〕原文爲重複符號「𛁋」。
〔註61〕音譯爲「皆」。
〔註62〕音譯爲「知」。
〔註63〕音譯爲「證」。

〈　〉如白黑色皆明使未肯知處知證爲

（33—16—5）

絍燚骹鼈傚莌愻繼報羆賜蕭緲孫

難局分盜人人枉家人謀誣賠錢逼

（33—16—6）

紛紕蠡屁蚯骹斿祇臈〔註64〕羻縐燚羆形

迫上壓食貪搜用使好本爲不安一

（33—16—7）

蹴糤燚鼈緲繕�姣燚敠蕠祇襚羬

此後〈　〉盜錢實他處〈　〉寄〈　〉借〈　〉借

（33—16—8）

慨繃紛孫紛慨庋殀慨鼈瓶繲蕠杉秡

法依〈　〉逼迫不有其後盜畜物〈　〉賣價

（33—16—9）

繲燚劵蹴慨叛秡蕠靅毦蹴蕠瓶燚掀

錢與〈　〉然肉酒價〈　〉給自然所用分用

（33—16—10）

瓶髤靮蠛骹荒孫紛鐖菽燚菼觞艐〔註65〕鼈傚

使爲等〈　〉指處逼迫追蹤不且正直盜人

（33—16—11）

菁慨祇燚蠡蓡緂絣傚厰秡鐖菽孫紛繆羬

〈　〉來使不得實則他人異何追蹤逼迫義〈　〉

（33—16—12）

潵緣骹繃緻瀙秫

定律令依〈　〉然行

譯文：一律令上（規定）實有盜物，並分用，賠償、修補等以外，諸人處寄放、出賣、典當、借債，計量債還給等爲何，當催促明示。而錢一種應

〔註64〕音譯爲「好」。
〔註65〕原文爲重複符號「𝟹」。

催促，是非明顯，無有虛假，實非不有。盜人所盜畜物已賣，價錢肉、酒已飲食，全部已分用等，都巡檢對其錢何分用處當令催促來之事，錢一種不像後種物使白黑色明顯，知處難以取證，局分冤枉盜人，謀誣居民，催促賠錢時，壓制求貪使用，行為不善。此後所盜錢實已於他處寄、借、當，依法當催促以外，與所盜畜、物賣價錢一樣，肉酒價已還，且已分用等已明見處催促，不須追蹤，當直接令盜人來，確實不能，則應令他人如何催促追蹤，按所定《律令》施行。

（33—17—1）

𗾲𗇋𗄈𗄼𗯨𗬩𗰗𗷓𗤋𗔇𗖻𗗙𗄻𗵽𗮄

一律令上自國人相互盜為中賠不得時

（33—17—2）

𗖨𗼃 〔註66〕 𗫂𗱸𗤋𗌺𗕦𗯻𗉔𗷓𗫔𗵒𗤋𗔇

門戶工施使名〈 〉有敵之畜物盜為

（33—17—3）

𗔇𗖻𗗙𗱸𗄈𗯨𗉔𗍱𗤋𗯻𗱈𗫂

還不得有則自國人與同使敵圓工

（33—17—4）

𗱸𗤋𗨙𗖻𗾙𗴮𗉔𗯻𗷓𗫔𗵒𗤋𗔇

施使邊無也依此後敵之畜物盜為

（33—17—5）

𗬩𗱈𗤋𗫫𗫌𗴻𗴱𗕑𗻋𗜓𗴽𗱈𗤊

中實有不有死無小皮頭腳實有又

（33—17—6）

𗤋𗑠𗡞𗬩𗋽𗓑𗫉𗫫𗕦𗵽𗤋𗤋𗴽

賠價給得等說應〈 〉不有不得有數

（33—17—7）

𗵒𗯨𗷓𗖨𗖪𗯨𗕓𗍫𗔺𗖻𗔺𗸰

盜人人之門戶番人處〈 〉典為典贖

〔註66〕 前兩字之間右側有顛倒符號「∨」。

（33—17—8）

𗰛𗤫𗋽𗹬𗏹𗼇𗿒𗤁𗐫𗰜𗈤𗷨

工價何做數敵之價賠回爲中〈〉入

譯文：一《律令》上本國人相互爲盜，不能賠償時，使家門出工條（名目）已有，盜敵人之畜物不能賠償，則令與盜本國人同，令到敵國出工按「不行」條，此後，盜敵人之畜物時，實有以外，死亡亦將實有皮、頭、腳，依量賠償之謂，若不能，所有數，令盜人之家門於番人處爲典，贖典工價何數，當入反回賠償敵人之價中。

（33—17—9）

𗐫𗰿𗰜𗏹𗗂𗟲𗤮𗤁𗎭𗼃𗴿𗱺𗨩𗸘 〔註67〕 𗋐

一先後恩放上國家內盜等能 重一行罪

（33—17—10）

𗼧𗫂𗰜𗹦𗼰𗴀𗱤𗴀𗴀𗤁𗋽𗤮

本語義然依或〈〉脫時中未入

（33—17—11）

□ 〔註68〕 𗱽𗫂𗰜𗹉𗵸𗴀𗼃𗤮𗹬𗰜𗰄

用語義〈〉量且則圓孝恩者皇

（33—17—12）

𗧛𗵒𗰜𗹦𗳉𗴾𗴖𗴐𗆠𗴖𗈤𗬘𗰜𗹓

中露澤〈〉如〈〉量處無驟又辭者時

（33—18—1）

𗧘𗤮𗰞𗾫𗴾𗰜𗵒𗪂𗪜𗴎𗹨𗋽𗤁

陸圓居安等時行義雖然其彼中盜

（33—18—2）

𗳾𗤫𗤮𗋐 〔註69〕 𗴖𗧇𗤁𗴾𗵽𗬘𗿒𗌣 〔註70〕 𗴺

一種他罪與不像彼人天作地造不

〔註67〕 音譯爲「行」。
〔註68〕 此字減字。
〔註69〕 前兩字右側之間有顛倒符號「∨」。
〔註70〕 甲種本爲「𗊷」字，意同樣爲「造」。

（33—18—3）

𗗿 𗥤 𗟟 𗍺 𗴂 𗉮 𗤁 𗏹 𗆧 𗵐 𗦲 𗦃

敢 義 非 他 之 永 儲 寶 物 上 眼 拘 心 欲

（33—18—4）

𗤗 𗉯 𗢭 𗭴 𗅊 𗴪 𗇂 𗢾 𗦳 𗴔 𗴔 〔註71〕 𗤒 𗟵 𗴮

邪 貪 互 助 尋 搜 人 多 自 集 合 隊 隊 引 首 自

（33—18—5）

𗤋 𗷀 𗋽 𘀄 𗪺 𗴒 𗲠 𗴻 𗲠 𗲮 死 𗶆 𗆧 𗆅

喜 中 敵 敵 像 爲 〈 〉 謀 〈 〉 意 處 強 行 逼

（33—18—6）

𗴸 𗹦 𗥤 𗭴 𗲊 𗁬 𗴒 𗴪 𘀄 𗴪 𗷀 𗤓 𗳉 𗴟

畏 白 打 爲 其 而 以 人 破 人 殺 門 下 女

（33—18—7）

𗴪 𗋽 〔註72〕 𗸰 𗷒 𗆅 𗢾 𗨁 𗤓 𗤒 𗤒 〔註73〕 𗵐 𗭴 𗲠 𗲮

人 侵 敗 家 宅 法 毀 一 門 門 損 爲 〈 〉 到

（33—18—8）

𗤒 𗤗 𗥮 𗭰 𗴹 𗴪 𗴪 𗭴 𗁬 𗤑 𗨁 𗨁 𗴪 𗳽

處 罪 能 語 大 〈 〉 出 爲 亦 後 後 又 後 吉

（33—18—9）

𘜶 𗭰 𗹦 𗤋 𗳜 𗤒 𗷀 𗤋 𗵌 𗤁 𗵐 𗭰

慶 語 好 與 中 恩 放 脫 且 逃 說 其 語

（33—18—10）

𗹦 𗤋 𗭴 𗷀 𗤋 𗁬 𗴹 𗦳 𗲮 𗴮 𗴟 𗴟 〔註74〕 𗟀

量 依 以 迷 惑 思 起 毒 塗 計 造 等 等 盜

〔註71〕原文爲重複符號「彡」，在下一字的右側。

〔註72〕甲種本此字之下有「𗊱」字，「擄掠」義。「𗊱」字右側有「+」符號，可能爲刪去之意。

〔註73〕原文爲重複符號「彡」。

〔註74〕原文爲重複符號「彡」。

（33—18—11）

[illegible]〔註 75〕[illegible]

贓茂盛國本民庶之不安損本此於

（33—18—12）

[illegible]

過無粗監督弱治昔今〈〉定事也人然

（33—19—1）

[illegible]

時節法法罪本語義上量永常執

（33—19—2）

[illegible]

執應眼落心割爲然法重說辭滅

（33—19—3）

[illegible]〔註 76〕[illegible]

斷用一依諸人罪犯者中悄悄盜死

（33—19—4）

[illegible]〔註 77〕[illegible]

獲又群強盜盜而人破殺死自代獲

（33—19—5）

[illegible]

又盜而媳人侵敗爲等何處此辛亥

（33—19—6）

[illegible]

二十二年三月一日日於前前罪事

（33—19—7）

[illegible]

〈〉過爲決斷〈〉到又未決斷至今實拘

〔註 75〕音譯爲「贓」。

〔註 76〕原文爲重複符號「3」。

〔註 77〕原文爲重複符號「3」。

（33—19—8）

𗫡𗤙𘄄𗏓𗱈𗗙𘝯𗲲𘋖�438𗌭𗣼𘗽

又召捕逼迫應〈〉爲先前一復舉等

（33—19—9）

𗫡𗹬𗔅𗷨𗫡𘁝𗼈𗰖𘃽𗏹𘟀𘃳𗎛

不有此後新過爲者有所恩依罪脫

（33—19—10）

𗷆〔註78〕𗠁𗶷𗩾𗅁𗊬𘝮𗤽𗏟

不〈〉定律令中〈〉決斷

譯文：一先後恩赦，全國內盜等事重一行，按罪本語理（罪情道理）或已解，或未如解脫時，衡量語理，則國仁恩者，如天中雨露者，無可比喻，速實施時，雖國土安居，同時行義，然其中盜一種與他罪不像，彼無端不做活業，對他人永儲寶物，眼饞心想，生貪邪，找尋得見，與他多人自相集結，成群結隊，互賞中爲敵人相，已行預謀處，強行逼迫，群打，因而傷人、殺人，侵淩門下媳女，毀家門禮，損壞遍及各戶處，重罪要案已出，將來過後，逢吉慶好語，恩赦中解脫而逃避者，依信其言，生思迷惑，謀做毒惡，漸漸盜贓泛濫，國本百姓不安，損本無過於此，難以治理。是昔今所定事人，依時節、法律、罪情道理度量，當永遠執持，眼觀心記，重法處置，按須減除法，諸人犯罪者中，偷盜及死罪，群盜、強盜傷、殺人獲長期徒刑，又盜而侵淩婦女等何有，比此辛亥二十二年三月一日前面罪事所出，判斷已至，及判斷未至，現今當係喚捕逼迫爲，過去已重審以外，此後有新出爲者，按恩赦解罪不定《律令》判斷。

（33—19—11）

𗊬𗰗𗤙𘖑𗅁𘟀𗦲𘝯𗏹𘏒𘕕𗊬𘋖𘗠𘕤𗒮〔註79〕𘃽𗏟𗅋

一諸人盜雜罪二種犯時律令依〈〉出有上決

（33—19—12）

𗏟𘝆� 𗘆𘕤𗷨𗙪𗰇𗃛𘜶𘄄𘖑𘗠𘟀

斷義雖然〈〉民庶門養無盜黥杖中

〔註78〕原文「𗷆」上有顛倒符號。

〔註79〕以上兩字在下一字右側添加，草書。

（33—20—1）

𝕏 𝕏 𝕏 𝕏 𝕏 𝕏 𝕏 𝕏〔註80〕𝕏 𝕏 □ 𝕏
事量重躲爲其於彼〈〉上雜罪□贖

（33—20—2）

𝕏 𝕏 𝕏 𝕏 𝕏 𝕏 𝕏 𝕏 𝕏 𝕏 𝕏 𝕏
許有依靠以盜人之謀好爲不安也

（33—20—3）

𝕏 𝕏 𝕏 𝕏 𝕏 𝕏 𝕏 𝕏 𝕏 𝕏 𝕏 𝕏
依盜雜罪二種犯時雜罪〈〉重亦盜罪

（33—20—4）

𝕏 𝕏 𝕏 𝕏 𝕏 𝕏 𝕏 𝕏 𝕏 𝕏 𝕏 𝕏
上〈〉決斷法杖數上〈〉重處〈〉中罪

（33—20—5）

𝕏〔註81〕𝕏 𝕏 𝕏 𝕏〔註82〕𝕏 𝕏 𝕏 𝕏 𝕏 𝕏 𝕏 𝕏
盜苦役先初〈〉爲令終時年月期何

（33—20—6）

𝕏 𝕏 𝕏 𝕏 𝕏 𝕏 𝕏 𝕏 𝕏 𝕏 𝕏 𝕏
何〈〉爲雜罪事量中〈〉除爲〈〉停而苦

（33—20—7）

𝕏 𝕏 𝕏 𝕏 𝕏 𝕏〔註83〕𝕏 𝕏 𝕏 𝕏 𝕏 𝕏
役數贖義做則〈〉贖令不做法依日

（33—20—8）

𝕏 𝕏 𝕏 𝕏 𝕏 𝕏 𝕏 𝕏 𝕏 𝕏 𝕏 𝕏
〈〉續苦役〈〉爲牧農船車主使軍奴僕

（33—20—9）

𝕏 𝕏 𝕏 𝕏 𝕏 𝕏 𝕏 𝕏 □□□□□□〔註84〕

〔註80〕此字在下一字右側後補。
〔註81〕此字右側有顛倒符號「∨」。
〔註82〕此字原來寫錯，減字後在右側補寫。
〔註83〕此字原來寫錯，減字後在右側補寫。
〔註84〕以上六字草書，難以辨認。

有院中頭監等之給囑□□□□□□

　　譯文：一諸人犯盜雜罪二種時，雖當依《律令》所載有判斷，然民庶無養家宅，比其逃避因盜著黥杖重事高一等，允許□贖雜罪，成爲依盜人之意而爲不妥。犯盜雜二種罪時，雜罪應從重者，當按盜罪判斷法，增高杖數重打。盜罪苦役先前已做完時，做何時年月日，雜罪事等當減，所剩勞役數能贖則令贖，不能則當依法續日做苦役，在牧農船車主有使軍、奴僕院中，託付給頭監監督令行。

（33—20—10）

𗗙𗀍𗙼𗊢𗤗𗊍𗦲𗫂𗧘𗅻𗰜𗥃𗰜𗫦𗋽𗆧𗣜𗓽

一牲畜鳥禽物財產私得告過順律令中一月

　　（33—20—11）

𗗆𗨳𗥃𗋽𗥃𗘂𗣜𗫦𗌭𗥃𗦎𗍳𗱆𗨁

　　月以內司內〈〉告過又〈〉得手入者處

　　（33—20—12）

𗻨𗥃𗣜𗫦𗣜𗫦𗥃𗘂𗣜𗆧𗱆𗥃𗓐𗓐〔註85〕𗆧〔註86〕

　　住日過不告經及〈〉告局分人與知知持

　　（33—21—1）

𗵘𗨳𗫂𗆧𗆧𗂲𗫦𗫦𗌭𗤀𗌓𗥃𗎫𗎫〔註87〕𗐓𗫦

　　藏畜物用分無令不獻等時悄悄盜法

　　（33—21—2）

𗓽𗫦𗍳𗴂𗱆𗙼𗐓𗄼𗓐𗌭𗴟𗨳𗓽𗤗

　　決斷名〈〉有者盜詐罪贓人人畜私捕

　　（33—21—3）

𗫦𗨳𗨳𗴟𗤗𗐓𗫦𗌭𗴂� 𗤀𗌓𗥃

　　過日圓寬窄盜法罪輕依靠局分人與

〔註85〕原文爲重複符號「3」。

〔註86〕音譯爲「持」。

〔註87〕原文爲重複符號「3」。

（33—21—4）

𗼃𗼃〔註88〕𗜐𗾮𗟍𗆧𗤾�𗱀𗣼𗵫𘃓𗤊𗥃𗙏𗵁𗖵𗥺

知知畜物實自人手有賣經用分重巧脊司割

（33—21—5）

𗊱𗱊𗢢𗭴𗾺𗤧𗭢𗨛𗅉𗼃𗨻𗪥𗯺𘆄

肥薄爲價下小買賣若屬者過又依官獻

（33—21—6）

𗾮〔註89〕𗪙𗱤𗤎𘃏𗼃𗤍𗧛𗨈𗡤𗦲𗵽𗧛𗼃𗣨

〈 〉亦死亡利得應微詐詔盜詐人之謀好

（33—21—7）

𗰖𗥃𘀈𗊱𗱊𗈪𗵫𗷦𗥺𘍞𗤊𗘂𗬥𗤊

本成不安也他如牲畜鳥禽物財產種

（33—21—8）

𗱂𘏢𗰚𗥺𗷦𗵫𗨻𗷦𗉛𗵫𗧟𗤊𗼃𗨶𗪥

種〈 〉失諸人私得者有中畜一種知〈 〉住

（33—21—9）

𗵁𘈩𗼃𗨶𗤎𗟍𗆧𗨻𗨄死𗈪𗨻𗧟𘃛𘈉𗧩𗤍

令他處〈 〉說則何住義處〈 〉住一月以內爲

（33—21—10）

𗈪〔註90〕𗈪𗤎𗄛𗤧𘃏𗨛𗅉𗄛𗖢𗥃𗰚𗵫𘏔𘆄〔註91〕𗤍

私〈 〉許無過日屬者無喻又諸人〈 〉攔爲

（33—21—11）

𗵫𗤍𘆄〔註92〕𗤍𘋁𗤎𗵫𗨛𗤊𗤊𗱂𗤍𗵫𘅜𘍞

畜〈 〉攔爲時上又鳥禽物種種〈 〉得上起

〔註88〕原文爲重複符號「𐊣」。
〔註89〕此字右側有顛倒符號「∨」。
〔註90〕此字右側有顛倒符號「∨」。
〔註91〕原意爲「神石、隕石」，此處爲音譯。
〔註92〕原意爲「神石、隕石」，此處爲音譯。

（33—21—12）

𘕕𘓞𘉑𘎪𗟲𗵘 〔註93〕□膊㦳㥦死絲被祇瓶散靴

一月月以內邊□親司有處〈〉告經畜三日

（33—22—1）

𘎪𗟲𘜴𘕿𘓨𗵟𘕘𘟬𗟍 〔註94〕靴幷縱祇纏

以內駄齒肥階顏色印後等〈〉明令鳥

（33—22—2）

𘋯𗣼𗳟𘜼𗭴𘔵𘎵𗼃 〔註95〕𘊗𗭞𗳅𗤁𘜴

禽物種種與一律頒佈上〈〉舉綱〈〉

（33—22—3）

𘊲𘜼𗼃㦬𗤁靴𘊗𗄹𗆀絲幷祇㦳纏𘜴 〔註96〕

面賣權場司口等中告文〈〉有畜有者攔

（33—22—4）

𗐫𗋽㦬𘜴𘟣𘜴 〔註97〕𗤋𘒺蔾𘋑𗼃𘎪𘜴絲

為者手有無攔官之親結牧圓借〈〉

（33—22—5）

𗉙𗋽𗐫𗐬𘔵𘜴𗝢𗤁𘊱𗐬𘕿鬼𗼃膈

給囑牧為人與名〈〉計為死亡賠修

（33—22—6）

𘘥祇𗭴靴𗤋瓶𘜴絲𗭱纏𘋯𗣼靴𘉿𘊷

察過然等官畜與〈〉類鳥禽物等得證

（33—22—7）

𗋽𘜴幷𘒺𗤋瓶𗣼散𘓞𘉑𘘥𘙔𘕕𘙜𘎪

人手〈〉有官畜物三月月看屬一年以

（33—22—8）

𗟲靴𘔵𗤋𗤋𘙜𗋽靴𘒺𗦺幷𗐪�

〔註93〕此字右側添加一字，草書，難以辨認。
〔註94〕音譯為「後」。
〔註95〕前兩字音譯。
〔註96〕原意為「神石、隕石」，此處為音譯。
〔註97〕原意為「神石、隕石」，此處為音譯。

內等局分人屬人等過則〈〉給爲日

（33—22—9）

𗫉𘜈𗫺𘕼𗫻𗷦𗵆𗉳𗤋𘞃𘐆𗫾

過無則本處處〈〉獻官之〈〉爲若畜

（33—22—10）

𗰖𘝾〔註98〕𗷖�744𗫜𘕼𗫻𗊱𗥃𘄼𗫒𘋩𗧻

〈〉攔爲上知〈〉不其都未住令又鳥禽物

（33—22—11）

𗨙𘝀𗫾𗰖𗺟𗫤𘝾𗥃𘀹𗫜𗮀𗊢𘍱〔註99〕

種種得一個月以內不告經藏時等

（33—22—12）

𗫜𗐱𗫜𗫜〔註100〕𘓈𗿒𗷻𘟢𗫒𗰖𘝾〔註101〕𘍣𘕼𗯼

錢價悄悄盜實〈〉算畜物〈〉攔時知證

（33—23—1）

𘜈𗫠𗊱𗥃𗊬𗫈𘃟𗥃𗮀𗫈𘐆𘕼𗫉

使又住令其自然未告經又事管處

（33—23—2）

𗫻𘄼𗮀𗫻𗧒𗰖𘝾𗊩𗊩〔註102〕𘕼𘕼𗴿𘄼𘕻

已告經局分人與知知持判寫藏日

（33—23—3）

𗫉𘕼𘄼𗤋𘞃𘝀𗫜�〔註103〕𘓈𗰊𘄼𗷦𘕼𗫺

過不告獻等者悄悄盜法〈〉決斷畜

（33—23—4）

𗥃𘄼𘜈𘄼𗫾�〔註104〕𘕼𗊱𗤋𗉳𘝀𘞃𘐆𗫻

〔註98〕原意爲「神石、隕石」，此處爲音譯。

〔註99〕前兩字之間右側有顛倒符號「∨」。

〔註100〕原文爲重複符號「3」。

〔註101〕原意爲「神石、隕石」，此處爲音譯。

〔註102〕原文爲重複符號「3」。

〔註103〕原文爲重複符號「3」。

〔註104〕此字在前後字之間的右側後補。

物官私何爲義處〈　〉獻〈　〉持他中本有

（33—23—5）

𗾟𗦤𗉩𗜓𘕕𘕕〔註105〕𗆟〔註106〕𗦤𗵆𗈷𗙴𗘛𗖩𗌧𘄒

局分人與知知持藏非日過不獻則律

（33—23—6）

𗦤𗾟𗉩𘕕𗧇

令依〈　〉施行

譯文：一告發私得牲畜、家禽、物、財產，《律令》中一個月以內向有司告發，可得入手者處在，過期不告，及與局分人知持（遲滯）、藏匿、分用畜物使無，不繳等時，以偷盜法判斷條已有，犯罪贓罪人私捕牲畜，期限以內（寬窄）依仗盜法罪輕，與局分人知持（？），畜物實自得到，賣掉、分用、負重而塌脊、落膘，價低而買，若屬者出，及依官當繳，死亡所得益，成爲欺詐盜贓人意謀，爲不妥也。如彼牲畜、家禽、物財產種種已失，諸人有私得者，中有牲畜一種知，當使在，他處當說，則應何在處當在，一個月以內，當允許爲私拿，過日期，屬者無，然後諸人當攔，畜已攔時，自家禽物種種已得日，一個月以內，當到附近有司處報告，三天以內，馱齒、肥情、顏色、印記等，當令明確。家禽與種種物一樣。頒佈上登錄，於市場、司口等處張告示。有牲畜，侵損者入手，未侵損的權交付官之附近牧場放牧人聯繫，死亡賠償、檢校法等，與官畜同。家禽物等得者入手，官畜物屬三個月察看，一年內局分人屬者等出，則當給還。過期，無，則當繳本處充公。若已侵損畜時，令在□□，而家禽物種種，一個月內不告發，隱匿時等，量度錢，當實按偷盜算。畜物侵損時，知證雖已在，然其未告發，及已告發到管事處，與局分人遲滯（知持）藏匿書判，日期過不告交等者，按偷盜法判斷，畜物官私何處當繳、當取。其中與有本局分人非遲滯（知持）藏匿，過期不繳，則依律令施行。

（33—23—7）

𗦤𗫻𗗙𗆟𗘉𗡬𗾟𗁾𗦤𗖩𗈷𘕕𗟻𗾟𗢳𗘆

一國家內盜一種審深罪判重爲〈　〉義也

〔註105〕原文爲重複符號「𖿡」。

〔註106〕此字爲音譯。

（33—23—8）

𗾔𘋞𗌱𗆍𘓄𘈷𘊜𘂷𘍦𘉋𗤻𗆠

中近貪疑有因自告罪脫求又

（33—23—9）

𘗽𗥛𗤋𗶔𗤑𗵐𘋎𗭤𘘚𘕰𗱢𗥛𗡪〔註107〕𘋎

官法審以解去盜語出爲等時遣鬥盜

（33—23—10）

𗒈𗣼𘑗𘄄𘕿𗩑𗟵𗧅𘍦𘋬𗥓𘅻𘕜𗾔

者藏停參差放恨有尋何清人本無論中

（33—23—11）

𗠉𘑨𘃪𘊞〔註108〕𘝚𗴡𘕿𗆍𘘦𘈷𘍣𗟗𘍦𘊞

有說獲〈〉獲謀誣罪慢長留用爲已

（33—23—12）

𘉌𗨁𗒈𗱕𘈎𘍣𘘚𗥛𗥒𘍦𘘾𘍣𗥛𘔴

管者人小他語信審深爲以清人難強

（33—24—1）

𗴻𘊞𗤻�}〔註109〕𗒈𘕝𘒲𘉜𘊞𘉌𘏚𗟗𘈗𘘚〔註110〕

承不又敢去住臥室處知證無也等

（33—24—2）

𗤋𘉌𗤑𘕜𘉌𘕼𗆍𗡪𘍣〔註111〕𗨁𗶔𗱕𘊞𗶕𘕰𘉌

則枉虛拔不義罪成爲者有亦不明此如

（33—24—3）

𗆍𗣉𘉌𘕿𘘚𗒈𗴡𘍣𘋬𘊞𘕝𗡡𘑁𘓺𗆍

邪貪不道人者詐語續普謀好結合罪

（33—24—4）

𗴡𗤋𗨌𘕘𘈷𗤄𗤹𘘦𘘚𗥛𘕜𗆍𘑐𘅀

〔註107〕此字音譯爲「鬥」。
〔註108〕前兩字之間右側有顛倒符號「∨」。
〔註109〕前兩字之間右側有顛倒符號「∨」。
〔註110〕前兩字之間右側有顛倒符號「∨」。
〔註111〕此字原漏寫，在下一字右側添加。

罪實有松脫正直清人因無罪居謟

（33—24—5）

[illegible]〔註 112〕[illegible]

詐謀好茂盛上等不安實也除斷用也

（33—24—6）

[illegible]〔註 113〕[illegible]

依此後他如失犯者有時罪小大何〈〉謀智

（33—24—7）

[illegible]

一律謀智者盜人先杖罪起日明上

（33—24—8）

[illegible]〔註 114〕[illegible]

至罪有之二等又自代起以上罪有者

（33—24—9）

[illegible]

次第一等時等〈〉舉爲以死亦〈〉如若

（33—24—10）

[illegible]

先初死罪有舉爲處無則審口詐法

（33—24—11）

[illegible]〔註 115〕[illegible]

依決斷罪承〈〉其中謀智人盜人

（33—24—12）

[illegible]

自告罪脫義爲罪損至不有亦何

〔註 112〕此字右側有顛倒符號「∨」，應與前一字顛倒。

〔註 113〕此字右側有顛倒符號「∨」。

〔註 114〕此字在前後字之間的右側後補。

〔註 115〕前兩字之間右側有顛倒符號「∨」。

（33—25—1）

𗁬 𗥃 𗯷 𗣼 𘊲 𘋨 𗁬〔註116〕𗗙 𗯨〔註117〕

〈　〉謀誣法依罪比〈　〉承

譯文：一全國中問盜一種，判深罪應從重時，因有疑近貪，求自告解罪，並以問官法解出，盜情出時，遣鬥，相盜隱留，參差尋怨，清人本無，議論中說有，所獲謀誣罪，慢長滯留，所管者亦信其語，以屬問刁難，未敢往承，居住處人說清人確無，無理虛拔爲罪者有，亦未明。如此貪邪不道之人，詐語連篇，意行姦邪，罪過實有，因鬆脫正直清人無罪而獲罪，詔詐意行泛濫，上等確實不安，依須禁止條，此後，如此犯失者有時，罪大小、如何謀誣，一律謀誣盜人，自杖罪起始至有期徒刑者加二等，有長期以上罪者，依次㐤一等數，亦可至死罪。若初始有死罪，無可加處，則按詐公堂法判斷，當承罪。其中謀誣者盜人自告應解脫罪，有未至損害者，亦與何所謀誣法罪比較承受。

（33—25—2）〔註118〕

𗗙 𗪟 𗁬 𗴒 𗰖 𗰖〔註119〕𗁬 𗴒 𗦻 𗣼 𘃡 𘊲 𗟻 𘃨 𗟀 𘋨 𗇁 𗯨 𗯷 𘒏 𘋊

一庫局分自自局分官錢物中手有盜拔罪情明不有其

（33—25—3）

𘊲 𗰖 𘊲 𘋨 𗁴 𗥃 𘋨 𗠉 𘊲 𗴒 𗴒 𗟩 𗃜 𘊲

中自共互舉出時罪脫然律令上有依

（33—25—4）

𗁬 𘊲 𘓑 𗴒 𗁴 𗲲 𘋨 𘋨 𗠉 𘊲 𗘝 𗯷

〈　〉順行他雜盜自共互舉罪脫〈　〉〈　〉如

（33—25—5）

𗲲 𘑞 𗠽 𘋨 𗮔 𘊲 𘊲 𗁬 𗁬 𗆊

盜者處舉賞得承中〈　〉莫入

〔註116〕此字原字寫錯，後減字，在右側添加「𗁬」字。

〔註117〕以下五字減字。

〔註118〕此行爲後添加的。

〔註119〕原文爲重複符號「𖿡」。

　　譯文：庫局分自己局分官錢、物中入手盜出，罪情明確以外，其中自共舉報出時，罪解法當依《律令》上所載施行，已如其它雜盜舉報罪解法，勿入相盜者舉報得賞中。

（33—25—6）

𗦀𗕑𗏇𗤁𗤼𗣼𗣩𗲳𗟨𗏇𗾔𗦲𗹬𗼻𗢳𗔆

一常住使軍奴僕屬寺中盜時決斷驅逐

　　（33—25—7）

𗢳𗣼𗣩𗤼𗣦𗭼𗾔𗣼𗟨𗲳𗔆〔註120〕𗹬𗼻𗔆𗣼

　　然他人官私之盜爲法依〈　〉決斷事爲

　　（33—25—8）

𗣦𗣼𗹀𗤁𗔆

　　難爲處〈　〉驅

　　譯文：一寺中所屬使軍、奴僕盜常住時，判決驅遣，依他人盜官私法判斷，當驅至苦役處。

（33—25—9）

𗦀𗼃𗣩𗹚𗣦𗪢𗣩𗲗𗹐𗔆𗠬𗤁𗖻𗡬𗬚𗾔

一諸人他之地人畜物〈　〉買債借債〈　〉給又

　　（33—25—10）

𗔆𗼃𗣦𗧀𗤁𗥑𗆍𗕿𗹀𗾷𗤛𗭼𗣼𗾔

　　主人之利得應〈　〉爲求入柄〈　〉爲知

　　（33—25—11）

𗗙𗔆𗗙𗬚𗤼𗾔𗤛𗢳𗾔𗲳𗬚𗡬𗥑〔註121〕𗬚

　　證〈　〉有〈　〉死後〈　〉子又人或小歲或

　　（33—25—12）

𗗙𗹬𗢒𗤼𗾔𗏇𗪜𗬑𗔆𗾔𗣦𗔵𗼻𗬚𗤁𗤼

　　其時處〈　〉不住語本不知門下使軍奴

〔註120〕此字漏寫，後在下一字右側補寫。

〔註121〕前兩字之間右側有顛倒符號「∨」。

（33—25—13）

絣鬆𭣣鞁㣺㾑荠米㡰〔註122〕毿蘂鑾粼䩆

僕他人等知者〈〉亦有物主人得授

（33—26—1）

㾑憪蕤絼蕲纈祇㲋蘒劵鏻㡰姼

者非〈〉虛罪承使不差說實授入柄

（33—26—2）

䚵蘿蘦㣺鏻㢟𭣣斫㧬蕹䠶㡰

語虛變算且則諸人買賣債借取入

（33—26—3）

姼㣺韖㡰㲀㲜㳟㲱絼㲺縗㾺絣

柄知證有數〈〉爲功無取行應不成

（33—26—4）

䩖蘱𭣣㣱㣺㾑䩀繈綵綵〔註123〕㣱䚵㹡㾑㒳

詐詔人之謀妒門爲重複〈〉謀誣者多

（33—26—5）

㲀㤪㴁㲜㣺㲄㾿㲜㼆絼䩖䧃㲋㣺㲔䠶

此如父母死死子子年小語本不知笨

（33—26—6）

㣘㣺鑾毿綵訕㼊㲜毿㣺㾑㦜㳟綟

爲人者物屬永儲寶物死後枉罰義

（33—26—7）

憪㾸蕹㴹綟㲜㴸㲜㣺㾺㣺㾑㾸

非他受邊無也依諸人又子人知他

（33—26—8）

㣱㳗𭣣㾺毿斫㣺鏻㣏腍㡰蕹蘱綃

之地人畜物買爲實手未入債借息

〔註122〕前兩字之間右側有顛倒符號「∨」。
〔註123〕原文爲重複符號「3」。

（33—26—9）

𗧈 𗗚 𗗚 𘊝 𗪚 𗸐 𗋕 𘃰 𗣼 𗷋 𗋕 𘎑 𘐡

給賣價寄物他其與然像有等死者

（33—26—10）

𘃰 𗻮 𘛃 𗵜 𗏹 𗱕 𘔼 𗿀 𗣠 𗣠 〔註124〕 𘜶 𗟲 𗾺 𗿒

有時又子人〈〉不知亦自自使軍奴僕

（33—26—11）

𗪷 𗼨 𗼨 〔註125〕 𗼨 𗋕 𘕿 𗷋 𗿀 𘃋 𘔼 𘈧 𗋕 𗏟 𘊝 𗨁 𗲠

節親親親他人等語本知爭訟只關入柄

（33—26—12）

𘔼 𗗗 𘃰 𗰦 𘛃 𘒣 𗋕 𘔼 𘈶 𗝴 𗻮 𘍺 𗋕 𗲜

知證有則法依〈〉審問虛時罪〈〉承

譯文：一諸人已買、借貸他人地、人、畜物已嘗還後，當爲主人應得利。已做文書，原有知證已死，後子或年小，或爾時不在其處，不知緣由。有門下使軍、奴僕餘人等知者，而非物主人應得受者，使承受虛罪未妥，實持文書，以爲空話，則諸人有買賣、借債所取文書知證，不可無功行取，使圖謀詐騙成爲幸戶，屢屢謀誣者多。如此父母死亡，兒子年幼，不知緣由而損失者享有，永存寶物死後不應受枉罰，按他人持「不應」條，諸人後子知，買他人地、人、畜物，實未入手，債務放還、賣價寄物等與其它相類等，有死者時，後子雖不知，自己使軍、奴僕、節親親戚他人等知緣由，訴訟只關，有文券知證，則依法審問，虛時當承罪。

（33—27—1）

𗧇 𗵜 𗋕 𘄡 𗣼 𘈀 𗋕 𗏡 𘔼 𗗚 𗋕 𘒣 𗷋 𗣼 𘈶 𘈶 〔註126〕 𗗚 𘐡 〔註127〕 𗱕

一諸人債取地人舍屋物種種等_{指示}典當物實不

（33—27—2）

𗋕 〔註128〕 𗪷 𗲜 𗬃 𘊛 𗸡 𗾺 𗱕 𗟲 𘔼 𘐡 𗣠 𘊝 𗲠

知證有則法依〈〉審問虛時罪〈〉承

―――――――――

〔註124〕原文爲重複符號「3」。
〔註125〕原文爲重複符號「3」，在上下右側之間。
〔註126〕原文爲重複符號「3」，在上下右側之間。
〔註127〕此字在下一字右側後補。

賣入柄爲上期限不明錢主人何久用

（33—27—3）

[illegible]

日本利不給住滯時典物無語量有爲

（33—27—4）

[illegible]

〈〉有入柄依語量算且又債放者人

（33—27—5）

[illegible]〔註 129〕[illegible]

價奇物好〈〉貪食因何久入給至量

（33—27—6）

[illegible]

都未明使騾以取索逼畏時債取者

（33—27—7）

[illegible]〔註 130〕[illegible]

使限時以內謀力分離用無不住滯不

（33—27—8）

[illegible]

只能永儲寶物本少因價奇受執孤讓

（33—27—9）

[illegible]〔註 131〕[illegible]〔註 132〕[illegible]

有利平正不平後後者中法取謀好茂盛

（33—27—10）

[illegible]〔註 133〕[illegible]

讒諂爭大者多不安損思應〈〉有依

〔註 128〕此字在第一字上後補，草書。
〔註 129〕此字原字寫錯，後滅字，在右側添加「[illegible]」字。
〔註 130〕此字音譯，見《番漢合時掌中珠》第 9 頁第 4 欄。
〔註 131〕原文爲重複符號「丬」。
〔註 132〕音譯。
〔註 133〕原文爲重複符號「丬」。

（33—27—11）

[illegible]

此後諸語種種入柄爲中債借債借寄

（33—27—12）

[illegible]

地人舍屋畜物典爲等因日量不明

（33—28—1）

[illegible]

一種語量算〈〉許無〈〉定本利法依

（33—28—2）

[illegible]

〈〉給〈〉

譯文：一諸人索債，地人舍屋物種種等見，所典當物實未賣，文據上日期不明，錢主人長久日用，本利不給住滯時，典當物無，語約已有文券語約算，放債者價奇物好，因已貪食，因何久返還，使至量不明，速取逼迫、畏逼時，索債者使限時以內，有心無力，不得不住滯，因永儲寶物本少，超價取走，有虧損，利平正不平，漸漸相互取則，意行泛濫，訴訟爭鬥者多，不安思害者有。依此後諸語種種文券中，借債、權寄地、人、舍屋、畜物典當爲等，因期限不明一種，當不允語約算，依所定本利法還給。

（33—28—3）

[illegible]〔註134〕[illegible]

一諸人債借債分離不得明〈〉力贈中節親

（33—28—4）

[illegible]〔註135〕[illegible]

主又位有臣臣又雜誘獨諸類種種中

（33—28—5）

[illegible]〔註136〕[illegible]

〔註134〕前兩字之間右側有顛倒符號「∨」。

〔註135〕疑前兩字顛倒。

御印及官有等者或帝之根親枝條中

（33—28—6）

𗾟 𗥃 𗣼 𗤁 𗏇 𗤉 𗦳 𗢭 𗹦 𗢠 𘟣 𗩱
有或白實父母等功依事位官_{大人}

（33—28—7）

𗥑 𗤹 𗤎 𗤉 𗤁 𘎵 𗼻 𗭆 𗹦 𗌣 𗤉 𗌭 𗤉 𗰔
得親又功有不算其後民庶與面平爲

（33—28—8）

𗴂 𘃵 𗾔 𗢭 𗤁 𗥃 𗤹 𗎫 𘝵 𗌭 𗗙
邊無也依此後白實又其人之帳共

（33—28—9）

𗢳 𗢳 𘓐 𗍒 𗗙 𘗈 𗼻 𗥑 𗽹 𘃀 𗲴
妻妻媳婦女未嫁又節親主人女姻親諸

（33—28—10）

𘓐 𗂬 𗤉 𗥑 𗤹 𗰣 𗤉 𗤁 𗼓 𗭆 𘐋 𗣼
媳婦往等工施令不須取〈〉執士者中

（33—28—11）

𗥑 𗤹 𘏄 𗾔 𗣼 𗼓 𗥑 𗹦 𗤁 𘏨 𗲴 𘟣 𗌭
力贈義有則其人工〈〉施債取者何

（33—28—12）

𗼻 𗳉 𘓐 𗤉 𗰣 𗣜 𗤉
久〈〉得時〈〉給爲

　　譯文：一諸人所借債務未能償還而出工還時，節親主及有位臣僚，以及雜獨誘諸類種種中有及御印官等者，或在皇帝之根親近枝，或有依自己父母等功得職位官大人，未算議親議功，而後，不應與百姓相等也。此後自己及同居之妻子、兒媳、未嫁女，又節親主之嫁女、諸往媳等，不須令出償工，相借持主中應有償工，則其人當出償工，借貸者何時完成當還。

〔註136〕此字在下一字右側添加，草書，難以辨認。

（33—29—1）

𗾔𗫔𗥃𗤁𗤗𗸦𗥃𗺄𗤁𗫔𗤗𗥃〔註137〕𗤁𗎻𗸦𗤗

一律令上諸人債_{借債}因逃跑取期限給債

（33—29—2）

𗧓𗗙𗪮𗤟𗤁𗤗𗤁𗥃𗺟𗫔𗤗𗥃𗺄𗮃

分缺然明顯非也取正逃跑取者實

（33—29—3）

𗖵𗎻𗤟𗧓𗺄𗤁𗤁𗎻𗺄𗤁𗺄𗫔𗸦𗧓𗎻

住債不分離搜期限〈〉留使人者日

（33—29—4）

𗧓𗎻〔註138〕𗸦𗫔𗺟〔註139〕𗸦〔註140〕𗤁𗸦𗤁𗫔𗎻𗤁〔註141〕𗸦𗤁𗸦

過月過何久得手入不明其又債主人

（33—29—5）

𗺄𗮃𗎻𗎻𗧓𗺄𗤁𗸦𗺄𗧓𗗙𗸦𗧓

人詐諂意使好茂盛債主人因無債罰

（33—29—6）

𗤁𗗙𗤁𗤁𗫔𗗙𗎻𗎻𗸦𗤁𗸦𗤁𗺄𗤁𗫔

如為〈〉不安損思應〈〉有依取正逃

（33—29—7）

𗥃〔註142〕𗤁𗎻𗥃𗤁𗸦𗥃𗤁𗺄〔註143〕𗧓𗸦𗎻𗤁〔註144〕𗺄𗗙𗧓

跑時地程親遠中〈〉依量先初取相互三

（33—29—8）

𗤁𗎻𗺄𗤗𗮃𗸦𗤁𗧓𗎻𗎻𗸦𗗙𗸦𗾔𗗙□

〔註137〕此字原字寫錯，後減字，在右側添加「𗤗」字。

〔註138〕甲種本此字缺，在上下二字之間右側添加了「𗎻」字。

〔註139〕甲種本前兩字對倒，在兩字之間右側有顛倒符號「∨」。

〔註140〕甲種本此字缺，在下一字右側添加了「𗸦」字。

〔註141〕甲乙種本此字都缺，都在下一字右側添加了「𗸦」字。

〔註142〕此字原缺，在此行第一字上後添加。

〔註143〕此字原缺，在「𗧓」字右側添加。

〔註144〕此字原誤寫為，後減字，在右側添加「𗤗」字。

次期限〈〉給搜尋追蹤處無實喻因□

（33—29—9）

𦀖𣏾𣏾𦀖𣏾𣏾𦀖𣏾𣏾𦀖𣏾𣏾𦀖𣏾

取者處〈〉逼迫〈〉分離不得時妻妻

（33—29—10）

𣏾𣏾𦀖𣏾𣏾𦀖𣏾𣏾𦀖𣏾𣏾𦀖𣏾

媳婦女未嫁等工施應不有則執主者處

（33—29—11）

𦀖〔註145〕𣏾𣏾〔註146〕𣏾𣏾𦀖𣏾𣏾𦀖

〈〉逼迫或取正則又仵其執

（33—29—12）

𣏾𣏾𦀖𣏾𣏾𦀖𣏾𣏾𦀖𣏾𣏾〔註147〕𣏾𣏾𦀖

債敬分不得應不多取〈〉執主者等逃跑亦取

（33—30—1）

𣏾𣏾𦀖𣏾𣏾𦀖𣏾𣏾〔註148〕𣏾𣏾〔註149〕𣏾𣏾〔註150〕𣏾

正之先如期限〈〉給搜手入不時工施順

（33—30—2）

𣏾𣏾𦀖𣏾𣏾𦀖

〈〉定律令〈〉施行

譯文：一《律令》上知諸人因借債逃跑，借期限償還欠債非分明。主借者逃跑，同借確在，不求還清債務，使期限超過者，日過月超，何時得到不明，令以欺詐債主意行泛濫，因債主人無，當如債罰，然有不妥，想侵害，依已有主借者逃跑時地程遠近測量，起當給相借者三等期限，因搜尋確蹤跡，同借者處當催促還債，未成時，妻子、兒媳、未嫁女等當償工以外，則持主處當催促，若主借者雖確在，而不能還債，當出償工以外，相借持主等逃跑，

〔註145〕以下六字減字，在右側添加兩字，又減字。
〔註146〕此兩字在右側減字下添加，草書。
〔註147〕以上五字在「𣏾」字右側之下添加。
〔註148〕甲種本此字後原有一字，後減字。
〔註149〕兩字之間右側有顛倒符號「∨」。
〔註150〕此字在上下字之間右側後補。

對主借者當按如前期限求還，償工法當依所定律令施行。

（33—30—3）

𗥃𗥃𗢳𗾔𗁃𗗝𗬺𗏇𗣈𗵒𗫡𗘀𗣗𗄭𗄈𗩱𗢝𗰾

一諸人有舍屋地田使軍奴僕他畜物等官私

　（33—30—4）

　𗫡𗘀𗣗𗗝𗵒𗣈𗪺𗣈𗘀𗫡𗘀𗁃𗵒𗬺𗏇𗢳

　常住等處〈　〉典爲錢穀中利無典地人

　（33—30—5）

　𗄭𗄈𗣗𗏇𗪺𗘀𗤔𗬺𗘀𗵒𗁃𗢜𗘀𗵒𗬺

　畜物等中苗果雇工價不算日量明

　（33—30—6）

　𗰾𗬺𗵒𗢳𗵒𗣈𗘀𗵒𗗝𗬺𗏇𗵒𗢳

　以內不抽時無應〈　〉語中典地人

　（33—30—7）

　𗄭𗄈𗢳𗬺𗏇𗢳𗘀𗵒𗷍〔註151〕𗣈𗵒𗢳𗘀〔註152〕𗬺𗵒𗢜

　畜物數或他人〈　〉回報爲〈　〉周圍至屬者

　（33—30—8）

　𗢳𗵒𗢳𗢝𗵒〔註153〕𗵒𗷍𗣈𗢜𗵒𗄈𗘀𗢜𗢜

　手與〈　〉分離回報爲者且之〈　〉囑咐

　（33—30—9）

　𗣈𗢳𗬺𗘀𗵒𗏇𗢳𗵒𗄈𗢜𗢜𗣈𗵒𗁃𗵒

　爲時或周圍轉移相互給囑爲應無屬

　（33—30—10）

　𗢜𗢳𗢳𗵒𗢳𗢳𗵒𗗝𗄭𗵒𗘀𗲜〔註154〕𗢳𗢝𗘀

　者手足有又自然本放利放債〈　〉取日

〔註151〕前兩字爲漢語藉詞，音「回報」。
〔註152〕以上兩字在「𗢳」字右側小字補寫。
〔註153〕兩字之間右側有顛倒符號「〤」，甲種本此兩字顛倒。
〔註154〕此字原字寫錯，後減字，在右側添加「𗲜」字。甲種本情況相同。

（33—30—11）

𗫤 𗂈 𗄈 𗤽 𗢳 𗤆 𗠣 𗸲 𘄿 𗫤 𗈪 𗤊 𗤽

量入柄語量〈　〉爲等皆日量〈　〉終語

（33—30—12）

𗤽 𗢸 𗦠 𗧀 𗢛 𗧀 𗠣 𗍫 𘕕 𘏞 𗫺 𗤽 𗾔

量與〈　〉失典物債等相互給囑爲應

（33—31—1）

𘔙 𗣎 𗎫 𗢸 � 𗤽 𗤆 𗘦 𗷅 𗂰 𘇂 𗎫 𗀔

無皇恩與中語量脫皆定本利法依

（33—31—2）

𗤑 𗤽 𗦢 𗉹 𘊯 𗎫 𗽻 𘗽 𗤽 𗬟 𘒣 𗎫 𘘶 𗤊

給爲義爲時恩於前前典地人畜物〈　〉

（33—31—3）

𗼻 𗥃 𘒣 𗰤 𗤽 𗢳 𗀔 𘋩 𗤊 𗦇 𗤽 𘃡 𗤽 𘅻

周圍〈　〉轉移次第他〈　〉回報爲有數屬

（33—31—4）

𘏞 𗟭 𗢸 𗦢 𘗽 𗽻 𗋽 𗤑 𗩃 𗢸 𗤊 𘒣 𗤆

者手與〈　〉分離實可典物與〈　〉義是

（33—31—5）

𗂈 𗄈 𗤽 〔註155〕𗤆〔註156〕𘊯 𗦠〔註157〕𗎫 𗫀 𗙏 𗣎 𗡪 𗟭

入柄語量依〈　〉罰無不有屬者

（33—31—6）

𗬀 𘅻〔註158〕𗃀 𗤽 𗤻 𗼻 𗥃 𗎫 𗢸 𗠣 𘕕 𘏞 𗫺 𗤽 𗾔

自回報爲又周圍轉移互相給囑爲應

（33—31—7）

𘔙 𗒵 𗤽 𗦢 𗬟 𘅻 𗃀 𗸲 𗀔 𗟭 𗡪 𗢸 𘜶

〔註155〕此字之前原有一字，後減字。
〔註156〕此字之前原有一字，後減字。
〔註157〕甲種本此字原誤寫爲「𗽻」，後減字，在右側添加「𗦠」字。
〔註158〕甲種本此字缺，在上下二字之間右側添加了「𘅻」字。

—53—

無空指他人回報爲使等屬者手與 〈 〉

（33—31—8）

𗅋𗊱𗏵𗏹𗏵𗤥𗎿𘄡 〔註159〕 𗤙𗸷𗋽𗋡𗯴𗰜𗥦

分離用本取利有債語量等恩依 〈 〉 脫

（33—31—9）

𗧡𗣼𗏹𗤥𗧓𗰜𗥦𗢏𗤥 〔註160〕 𗢏𗤥𗦀𗏹

〈 〉 定本利法依 〈 〉 給爲利給爲然入

（33—31—10）

𗯀𗏵𗊱𗱾𗧡𗤥𗊱𗤵𗪚𗙏𗈜 〔註161〕 𗿷𗤋𘜶

柄上日過以外長利算爲又且其時前

（33—31—11）

𗳾𗤥𗥼𗋡𗳾𗤥 〔註162〕 𘃡𗤙𗊱𘆄𗔇𗵐𗧡𘅍

取索義未取索罪罪住滯 〈 〉 種 〈 〉 後

（33—31—12）

𗴴𗧾𗬊𗏵𗣼 〔註163〕 𗊱𗈪𗎿𗧡𗱾𗋡𗧡𗣼

借債放者且自上 〈 〉 有不僅恩 〈 〉 定

（33—32—1）

𗤥𗥦𗢏𗤥𗏄𗔌𗧩𗊱𗤔𗤴𗊱𘍰𗟻𘅪 〔註164〕 𗤝

利 〈 〉 給爲說亦本上 〈 〉 指日量上意也

（33—32—2）

𗤔𗤝𗊱𗱾𗤥𗊱𗢏𗯴𘃸 〔註165〕 𘌩𗤉𗤙𗸷𗥦 〔註166〕 𘟿

不正日過利上給邊無由此語量解上

（33—32—3）

𗧓𗊱𗊱𗤥𗤵𘌁𗏵𘍰𗏹𗤥𗱾𗤔𗮔𗈜𘍰

〔註159〕 此字原誤寫，後減字，在右側添加「𘄡」字。
〔註160〕 甲種本此字之前有一「𗱾」字。
〔註161〕 兩字之間右側有顚倒符號「∨」，甲種本此兩字顚倒。
〔註162〕 甲種本此字缺，在下一字右邊添加。
〔註163〕 兩字之間右側有顚倒符號「∨」，甲種本此兩字顚倒。
〔註164〕 甲種本此字缺，在上下二字之間右側添加了「𘅪」字。
〔註165〕 甲種本此字缺，在上下二字之間右側添加了「𘃸」字。
〔註166〕 甲種本此字之前原有一字，後減字。

又日上利算、則〈　〉至本利上平爲恩依

（33—32—4）

𗐸𗾟𗊣𗷲𘃨𗫂𗋽𗷲𗅋𗤀𗄜𗜓〔註167〕𘕿𗒟𗷲

語量脫與〈　〉失孤侵有利民庶民平正〈　〉等

（33—32—5）

𗴮𗤋𘓡〔註168〕𗉆𗋽𗤉𗈁𗟲𗆧𗊐𘕿𗹙𘊲𗏆𘊴

權安非也〈　〉指日量以內利何有依

（33—32—6）

𘕿𘊲𗟲𗈁𘖑𗤉𗝠𘍞𗝊𘕿𗤻𘊴

〈　〉給爲日過以外利算給〈　〉許無

譯文：一諸人所有居舍、地土、使軍、奴僕、其它畜物等，已在官私、常住等處典當，錢穀上無利，所典地、人、畜物等中的苗果、雇傭工價不算，期限之內不抽出時，當無。所說典當地、人、畜物數，或他人已回報，與周圍至所屬者手分別回報者已囑託，或無周遍傳轉互相囑託，屬者雖有手足（親戚？），自然放本有利，已借債期限文書已作約定，皆期限已畢，與所約限相違，典物債等無互相委託。逢遇皇恩解脫約定，皆依法還給本利時，如於恩前有典當地、人、畜、物，已周遍禁傳，按次他人已回報者，與屬者手已分離，與現在典處一樣，依文書約定罰沒以外，屬者自回報，又無周遍禁傳互相託付，空現，令他人回報等，與屬者手已分離的借本有利債約定等，依恩當解，所定本利當依法償還。還利法，文書上超期後按長利算者，其時先應取索未取索，罪錯住滯一種以下，不僅放債者自己已有，恩所定利當還給，原本所示期限上合適，但過期還利按「不應」法。由此約定解脫，後以日算利，則所至本利相等，與依皇恩解脫約定相違，非有益孤貧，庶民公平平等，非妥也。所示期限已明之內按有何利當還給，不允許日過後算利償還。

（33—32—7）

𗉆𗤉𘃨𗥤𘓱𗤋𗤃𗤉𗉳𘖑𗷲𗧟𗋽𘈷𘊲𗯁𘊴

一官私人盜賣一種其後畜物與同意邊無

〔註167〕此字原來漏寫，後補於上下二字之間的右側。

〔註168〕甲種本此字之前原有一字，後減字。

（33—32—8）

𗥔 𘝈 𗬼 𗒘 𗊱 𗿷 𗿦 𗿲 𗊱 𗭉 𗰖 𗲰 𘝣 𗾭 𗏹

人者國本軍馬上縛而也依此后皇恩

（33—32—9）

𘝣 𗥤 〔註169〕 𗋽 𗭠 𗟲 𗥔 𗊱 𗒽 〔註170〕 𗋢 𗊜 〔註171〕 𗋢 𗮔 𗱕 𗰖 𗍁 𗯴

依罪當脫也人現在說告舉口縛者有

（33—32—10）

𗟲 𗊜 𗧉 𗍁 𗠇 𗥧 𗋽 𗒽 𗮾 𗊒 𗊖 𗊜 𗰖 𘝈 𗮾

則未官者人狀當取爲〈　〉追蹤何拘有處

（33—32—11）

𗊒 𗋽 𗤋 𗮾 　　　　　　　　𗰖

〈　〉給囑爲　　　　　　　　畢

譯文：一盜賣官私人一種，不應與畜物同。人者，國本、軍馬所繫。此後依皇恩，罪當解脫也。人現在，有舉報訴訟者，則未管者當接狀、追蹤，並託咐何繫屬處。完。

（33—33—1）

𗗚 𗋽 𗰖 𘅜 𗮾

法新三第終

（33—33—2）

𘛛 𗰖 𗏣 𗱕 𗢭 𗼻 𗬼 𗋽 □□□

光定蛇年五月九日□□□

（33—33—3）

□□□□□□□□

□□□□□□□□

譯文：《新法》第三終，光定十一年〔註172〕五月九日……。

〔註169〕甲種本前兩字對倒。

〔註170〕甲種本此字之前原有一字，後滅字。

〔註171〕前兩字之間右側有顛倒符號「∨」。

〔註172〕西夏神宗光定十一年爲辛巳年，公元 1221 年。

第二章 《亥年新法》第三與《天盛律令》第三比較研究

第一節 《亥年新法》第三對《天盛律令》第三的增補

　　《亥年新法》的編排不像《天盛律令》，沒有門的設置，在每卷之下直接是法律條目。《亥年新法》第三共有 24 條，分別是：

　　1.執器械強盜及人盜，2.群盜知覺罪增加，3.盜常住借分用罪減免，4.盜官中錢物算群盜，5.節親互相盜取畜物，6.相盜者等舉報給賞法，7.父母等盜取子孫之畜物與減，8.同頭監相盜，9.巡檢、檢校以下審盜，10.都巡檢處（於）局分不行審案，11.追蹤有盜錢物處，12.盜竊敵人賠償，13.盜罪依恩解脫不解脫，14.盜雜罪二種犯，15.私得牲畜家禽物，16.盜人且謀智清人，17.庫局分盜官物互相舉報，18.寺院所屬人犯盜罪為除，19.父母死子年小索取借債，20.取債典當期限不定為，21.債未得不典工，22.相借者限期還，23.居舍、牲畜、土地典當回報，24.盜人罪依恩解脫亦應追蹤賣人。其中第 19—22 條是債權法的內容，其餘各條都屬於盜竊法。如果參照《天盛律令》門的劃分，則第 1、3、8、9、10、13、14、17、18、24 各條可歸入雜盜門，第 2、4 條可歸入群盜門，第 5、7 條可歸入盜親門，第 6、11 條可歸入追趕捕舉告盜賞門，第 12 條可歸入盜賠償返還門，第 16 條可歸入問盜門，第 19、21、22 條可歸入催索債利門，第 20、23 條可歸入當鋪門。

　　以下逐條指出《亥年新法》第三對《天盛律令》第三作出的增補、修改。

第 1 條：執器械強盜及人盜。

「一《律令》中『諸人盜官私物，威逼物屬者、守護者，殺傷主人等，當以強盜論。』持不持武器依錢價有兩種罪情。此外『偷盜持器械，守護者在，以木棒損種種物盜者，不以持武器論。』……持武器與物屬者、監護者……盜持時，偷、強盜如何判斷，及後盜人一樣罪情不明，已檢語義，則其盜執武器者與物主、守護者不遇，原本執武器用心本意是遇物主人捕捉者等時，恃以爭鬥用，此心態顯明，與物屬者相遇，有無交手，不用分別量寫（判），而後與物品不符，有不同說法，所盜人願不願，此後諸人往盜損傷他人，執武器則盜意明不明，與物屬者有無交手，一律算執武器強盜。盜者對被盜人違願強迫強奪則爲強盜，（被盜人）說：『我願意拿出』，則爲偷盜，當按錢價承罪，依《律令》施行。」

此條是對《天盛律令》第三「雜盜門」第 1 條「偷強盜後殺人」及第 13 條「偷盜持器具」的增補。後兩條的具體內容是：

> 一諸人盜竊官私之物時，對和物屬者及監護者等，若殺傷主、護人時，當以強盜論。
>
> 持不持武器二種罪情，反覆偷盜之罪狀等，依以下所明示實行。若因往盜傷人、殺人，則當與第一卷有意殺傷他人之罪情同，殺傷人罪及盜竊之錢量罪，依其重者判斷……〔註1〕
>
> 一偷盜持器具，於監者不在處，以木植盜竊各種物者，勿算持武器，依偷盜判斷。若監者在，不躲避，持器具盜取物者，以強盜持武器法判斷。〔註2〕

《亥年新法》此條先引述上述兩條的部分內容，然後對強盜與偷盜如何區分、判定進行了詳細闡述。與《天盛律令》不同的是，《亥年新法》規定只要執有武器，不論何種情況，都以執武器強盜論罪，更爲嚴苛。

第 2 條：群盜知覺罪增加。

「一《律令》中『諸人未參與同謀盜，知覺分持物，買、抵債、寄典當等，視偷盜、強盜罪情，各比從犯罪情減一等判斷』已有，群盜知覺之罪何爲不明也。群盜一種與偷、強盜不同，畜物多少，如何入手，不分造意、主

〔註1〕史金波、聶鴻音、白濱譯注：《天盛改舊新定律令》，第 161～162 頁。
〔註2〕史金波、聶鴻音、白濱譯注：《天盛改舊新定律令》，第 166 頁。

從一律殺斷，家門連坐，按罪重事大，相較輕重度量。有知覺群盜分持物，買、貸、取量、寄典者時，當判八年至長期徒刑。」

此條雖可歸入「群盜門」，但它是對《天盛律令》中「分持盜畜物門」第1條「知盜分物」加以增補的。該條規定：

> 一未參與同謀盜竊畜物，知覺他人盜竊，參與分持物，及買、抵債、寄典當時，視偷盜、強盜程度如何，當比盜竊從犯□各種罪狀減一等。〔註3〕

《亥年新法》認爲此條沒有明確規定對未參與群盜，但事後知曉且參與分贓及處置贓物罪行的刑罰，因而予以明確規定，認爲群盜罪行重大，按照其情節，對事後知曉且參與分贓及處置贓物罪行的罪犯處以8年以上至於長期徒刑。

第3條：盜常住借分用罪減免。

「一《律令》上載『諸寺廟、道觀等常住物中，大小局分盜持到手時，判罪法與（盜）官物相同』，然而，借貸分還損失減少已明確以外，（盜）常住應與（盜）官物情節相同，此後如有時，判罪行遣法亦依官物法施行。」

此條是對《天盛律令》「雜盜門」第4條「管事者盜常住」的增補，該條規定：

> 一諸寺廟、道觀等所屬設置常住中，大小局分擅自拿取盜持時，加罪之法，當與前述盜官物同。〔註4〕

除了對於退賠贓物、減少了損失的寺廟、道觀監守自盜者的罪行予以減免外，《亥年新法》更爲明確了其它情況仍然按照盜竊官物來懲處。

第4條：盜官中錢物算群盜。

「一邊中、京師官錢、穀物繫屬僧人、道士常住庫大小局分人，與他人謀議，盜竊自管局分庫內常住、官物時，他人確已滿五人，則與庫局分共犯議盜罪，其輕重高低按「不應」條法，庫局分與他人一樣當按群盜判斷。他人不足五人，則莫以爲群盜。」

此條是對《天盛律令》「群盜門」第5條「庫局分不算群盜」的修改，該條規定：

> 一諸庫局分大小人數爲多，及與他人謀，引導盜持自己局分官

〔註3〕史金波、聶鴻音、白濱譯注：《天盛改舊新定律令》，第172頁。
〔註4〕史金波、聶鴻音、白濱譯注：《天盛改舊新定律令》，第164頁。

物者，勿算群盜。按庫局分人他人分別盜法，依其罪判斷。

其中除庫局分以外，僅旁人足五人則當按群盜論。〔註5〕

《天盛律令》規定監守自盜的庫局分官員不管人數多少，都不算群盜。而《亥年新法》則對盜竊官物、常住的官員、和尚、道士與他人一樣處置，只要滿五人，都按群盜論處，較《天盛律令》更爲嚴苛。

第5條：節親互相取畜物。

「一諸人相互盜竊畜物時有節親者，依喪服遠近退減罪法《律令》已明確，但其相互拿取畜物一種，依節親罪退不退減指示中未載，盜者爲罪重事大，也按親節退減算，因拿取畜物可不令承全罪。此後有節親人相互盜取畜物時，退減罪法與盜親相同。」

正如此條所述，《天盛律令》「盜親門」第1條「宗姻服內相互爲盜」〔註6〕對於親戚之間相互盜竊，依照親疏遠近而對其罪行予以減輕，血緣關係越近，其罪行也就越輕。《亥年新法》認爲《天盛律令》只規定了親戚之間盜竊行爲的「退減罪法」，但沒有規定對於親戚之間「拿取」行爲的「退減罪法」，因而明確規定「拿取」也參照盜竊予以退減。

第6條：相盜者等舉報給賞法。

「一全國諸人犯罪中盜一種，與此後不同。對損害國本百姓（罪）按舉報解家門所用。強盜獲四年以上，及偷盜獲六年以上等有時，自己妻子、兒媳、使軍、奴僕等所舉是實，可往樂意處；相盜知覺者自相舉報，自己有何大小罪，悉數當解脫；他人依法當得舉報賞，巡檢人得賞法依《律令》當得一種官。此外賞錢，按《律令》上有當量數價，按見他人盜，舉報、捕捉賞法明確，依律當由盜人出。不能（出），家門出償工。其亦不足，則當令知盜分物、買、典當物處、販賣中間人出。其亦不能，則當由官給。」

此條是對《天盛律令》「追趕捕舉告盜賞門」的增補，該門第1條「捕盜見告賞」規定：

> 一捕盜舉見等賞賜法已明。依條以下，當由盜人出，盜人無
> 有，貧窮無力出，由家門出工仍不足，則由知盜分物、買、
> 抵債、使典當、接狀中間人等出，其人亦不能，則由畜物
> 主得償還物中，二十緡中分成二分，一份當給追捕、首告

〔註5〕史金波、聶鴻音、白濱譯注：《天盛改舊新定律令》，第170頁。
〔註6〕史金波、聶鴻音、白濱譯注：《天盛改舊新定律令》，第160～161頁。

賞。二十緡以上每十緡當抽出二緡給賞。若畜物主所得賠
償甚少，不足按份給賞數，及未得賠償者，則當由官賜給。

〔註7〕

第 6 條就是參照此條制定的，舉報者與捕盜者同樣獲得賞賜，其賞錢出
處兩者大致相同，都是先由盜竊者出，如果盜竊者貧窮，則須出工補償。如
果出工仍不足，則由各種情況獲得贓物的中間人出，直至最後由官府給予賞
賜。不同的是，賞賜捕盜者在中間人無力負擔的情況下，還有物主從所還的
失物中按比例抽出一部分給予捕盜者。而賞賜舉報者則沒有這一環節。此外
還規定，舉報者是盜賊的妻子、兒媳、使軍、奴僕等，可以同盜賊脫離關係，
自己選擇去處。盜賊之間互相舉報的，可以免除舉報者的罪責。

第 7 條：父母等盜取子孫之畜物與減。

「一《律令》中高祖、祖父母、父母等盜竊自子、孫、曾孫、玄孫等之
畜物，已有明顯情節，並隨意分用時，應如何遣行（處理）並不明確。核查
語義，說盜子孫是言重，父母等不量罪，所盜畜物不能賠償則不須賠償。若
屬者自欲取回，亦先度量父母所取何價數量，比隨意分用者減低□□。此後
其如有逆犯者時，與互相盜情狀相同，其中父母已分用處未取價一種，無須
給贖賞，當催促、託付子孫。」

此條同第 5 條一樣，是對《天盛律令》「盜親門」第 1 條「宗姻服內相互
為盜」〔註 8〕的增補。《亥年新法》認為該條對於長輩盜竊晚輩畜物的情況作
出了明確規定，但是對於使用畜物該如何處理沒有規定，因而制定本條。即
父母等使用了所盜物品而無須賠償。

第 8 條：同頭監相盜。

「一同一頭監使軍、奴僕互相為盜一種，《律令》上明確，然盜處物屬者
使軍等自實盜賣為頭監囑咐所為，量罪為盜使軍情由，應係頭監上，不應算
作盜他人，按盜頭監法施行。」

此條是對《天盛律令》「雜盜門」第 15 條「盜竊頭監」的補充。該條規
定：

一使軍、奴僕盜搶自己頭監之畜、穀、物時，頭監、旁人當告
所管司中問之。無盜竊他人語，則盜物本人交還屬者，勿

〔註7〕史金波、聶鴻音、白濱譯注：《天盛改舊新定律令》，第 178 頁。
〔註8〕史金波、聶鴻音、白濱譯注：《天盛改舊新定律令》，第 160～161 頁。

承罪。屬者訴訟説「我要重告，□□□」，則依盜法判斷。

旁人舉告時得告賞，對盜竊之告賞，當得三分之一，由犯

罪者出，若無能力，則物屬者當出資給予。〔註9〕

《亥年新法》此條關鍵點在於不按照盜他人法來懲治犯罪的使軍、奴僕，這樣以避免頭監失去勞動力，其主要目的還是爲了保護統治階級的利益。

第9條：巡檢、檢校以下審盜。

「一小巡檢以及以下檢校等，無貪、非盜擊打死（人）時，罪輕重如何，《律令》上不明確，按使人打殺當事人法判斷，其與所使人不像，地方內是盜贓減斷者，《律令》上亦當捕盜人。三日以內，當置於都巡檢處。若捕盜有所見時，不算日期遲緩。諸人等有只關者不捕時，度量罪情高下等所示，使承全罪，暫以重者定，令與諸司同等類司等中算，超過問杖數，依法當爲。小巡檢以下檢校等已多，由少成多，避罪自禁者有幾何不明，因受賄、講情面、徇私，以輕罪怙恃捕、捆縛拷打禁人，傷害居民者多，所捕眞正盜人不審，直接欲置於都巡檢處。另盜一種不公，與所辦公事不符，□喜中像敵寇，損壞他之家宅，永儲寶物無理持盜。對如此不道貪人，應從重降伏、除斷。初始捕已入手者，訊問原有無同盜，審問則次第，有報告捨棄逃跑，審問判決中半有半無，爲滯待根本。盜贓泛濫不安，據所損失，此後諸人盜贓已有，有狀告只關者，又疑心未覺，捕到手等，一律按《律令》上期限內，小巡檢及以下檢校人按同盜是也。盜贓盜物何處有等，共有幾何當問，當細細追蹤，使其承受審杖。使其承審杖數過度，人死時，比諸司審問超過審杖死人罪，檢校一等、小巡檢二等依次第增加。」

此條在《天盛律令》中沒有相關的條文，對於巡檢、檢校追捕、審問盜竊者的職責作出了規定，對於其失職行爲的懲處也作出了具體規定。

第10條：都巡檢處（於）局分不行審案。

「一都巡檢所轄小巡檢檢視者，催促眞正盜竊干連人，逮捕、拘禁，又局分都案、案頭、司吏等依所屬大人指揮，令立驅遣當事人，過問分析入狀、文字行遣中，無大人處指揮語，以自己私意喚人逼迫者，遣鬥，上言指揮等如何行轉，按《律令》各自都巡檢司品何節次職位承罪雖已顯明，而因原起盜語，都巡檢處指揮有語種，局分檢視巡檢等，所盜畜錢物何已典當、賣、

〔註 9〕史金波、聶鴻音、白濱譯注：《天盛改舊新定律令》，第 166～167 頁。

分用，私自逼迫，使在管事大人面前不同，本心不服，其各自行遣之罪大小確立，因小人貪利，催促償盜物時壓制求貪者，有理無理，逼迫、穿刺、起頭、勞苦，無所不至，律法雜亂，詐諂盛行，令百姓難以勞作活業（天作地造）、修造鎧甲，與馬參差。賠償所盜畜物實依是非道理、蹤跡有無未明，所思已有損害，需除斷，依諭旨，諸法分析者，對干連人拷打、鬥爭、催索，因情節輕微，已訴訟，局分處問案時，承失法罪名已有，非按問案法判斷，催促（逼迫）問，令承多少杖，而度量獲罪，催促（逼迫）賠償所盜，頭項局分人等，妄穿刺居民，自己行遣，半斷一種比其重。此後償還盜畜物何所見，當催促。都巡檢自實目前當使怙恃、分別，使相互本心服。若管事檢視巡檢等所屬大人指揮有語種時接近，逼迫償還盜畜物時欺詐，私自喚人穿刺，行遣，傷害庶民，並派人鬥詐，按《律令》重罪以外，有輕罪時，按問案法失法判三年。有貪贓枉法，與貪罪比依何重者判斷施行。」

此條在《天盛律令》中沒有相關的條文，由於其中一些詞語的確切含義還不明了，也給理解此條的內容造成了一定困難，其大意是規定了都巡檢對於盜竊案的職責以及失職行為的懲處。

第 11 條：追蹤有盜錢物處。

「一律令上（規定）實有盜物，並分用，賠償、修補等以外，諸人處寄放、出賣、典當、借債，計量債還給等為何，當催促明示。而錢一種應催促，是非明顯，無有虛假，實非不有。盜人所盜畜物已賣，價錢肉、酒已飲食，全部已分用等，都巡檢對其錢何分用處當令催促來之事，錢一種不像後種物使白黑色明顯，知處難以取證，局分冤枉盜人，謀誣居民，催促賠錢時，壓制求貪使用，行為不善。此後所盜錢實已於他處寄、借、當，依法當催促以外，與所盜畜、物賣價錢一樣，肉酒價已還，且已分用等已明見處催促，不須追蹤，當直接令盜人來，確實不能，則應令他人如何催促追蹤，按所定《律令》施行。」

此條是對《天盛律令》「自告償還解罪減半議合門」第 4 條「盜物指處入手不入分罪」及第 5 條「誣說指超物」的增補，該兩條具體規定：

> 一盜人將所盜物向他人售賣、還抵債、已典當等，應向所指處催促，當將物償還給物主。典利價錢、債等，當催促盜人交還，償還物當算入分等之中。若不能還，或接狀買賣中間人等已離開，或已罰買者當還之一部分，若已催促還

典利、價錢、債等無所給者，則不算盜人之罪狀分等減罪
中。

一盜物現有及已使用而能賠償修正以外，說寄放諸人處、已
賣、已典當、已借貸、計量已給等，所指諸處數目屬實，
當催促，若甚少而誣說我又很多時，有短期徒刑者，當在
前罪上加一等，所加勿及死罪。〔註10〕

《亥年新法》此條的大致內容是：對於盜竊者將贓物通過出賣、典當等
種種途徑變現的錢進行追繳，但是由於錢的使用，很難確切取證。因此審案
官員往往藉此冤枉盜竊者，誣陷平民，以從中取利。為了避免這種弊端，對
於贓物已變現為錢且已使用，審案人員不用再追蹤其去處，而應直接令盜竊
者償還。如果確實不能，而須追蹤的，如何追蹤，應該按照《天盛律令》來
執行。《天盛律令》第 4 條規定了督促盜竊者將贓物還給物主。對於不能償
還，償還一部分，以及贓物已典當、售賣、抵賬而不能償還的，這些都不能
對盜竊者的罪行予以減輕。第 5 條除了對於盜竊者催索贓物外，還對其謊報
贓物數量予以嚴懲。可見《亥年新法》著重增加了關於審案官員追索贓物的
詳細內容。

第 12 條：盜竊敵人賠償。

「一《律令》上本國人相互為盜，不能賠償時，使家門出工條（名目）
已有，盜敵人之畜物不能賠償，則令與盜本國人同，令到敵國出工按『不行』
條，此後，盜敵人之畜物時，實有以外，死亡亦將實有皮、頭、腳，依量賠
償之謂，若不能，所有數，令盜人之家門於番人處為典，贖典工價何數，當
入反回賠償敵人之價中。」

關於盜竊敵人的規定，《天盛律令》中沒有專條，但「雜盜門」第 5 條「盜
竊使者」有所涉及，該條具體為：

一他國為使者已出，若盜竊其持載所賣物時，當比偷、強盜傷
人物量罪狀所示加一等，所加勿及於死。沿邊上有賣處，
對盜敵國人賣者，依在外盜法判斷。〔註11〕

此條針對的應該是對於偷盜邊界上的榷場中的外國賣者的行為。而《亥
年新法》中的敵人很可能僅指金朝人，因為此時的西夏已不與南宋為鄰。對

〔註10〕史金波、聶鴻音、白濱譯注：《天盛改舊新定律令》，第 176 頁。
〔註11〕史金波、聶鴻音、白濱譯注：《天盛改舊新定律令》，第 164 頁。

於盜竊敵人無力賠償而又不能出境做工以抵償的情況，該條規定盜竊者的家人到番人也就是党項人的家中典工，得到的報酬用以賠償敵人。

第 13 條：盜罪依恩解脫解不脫。

「一先後恩赦，全國內盜等事重一行，按罪本語理（罪情道理）或已解，或未如解脫時，衡量語理，則國仁恩者，如天中雨露者，無可比喻，速實施時，雖國土安居，同時行義，然其中盜一種與他罪不像，彼無端不做活業，對他人永儲寶物，眼饞心想，生貪邪，找尋得見，與他多人自相集結，成群結隊，互賞中為敵人相，已行預謀處，強行逼迫，群打，因而傷人、殺人，侵淩門下媳女，毀家門禮，損壞遍及各戶處，重罪要案已出，將來過後，逢吉慶好語，恩赦中解脫而逃避者，依信其言，生思迷惑，謀做毒惡，漸漸盜賊泛濫，國本百姓不安，損本無過於此，難以治理。是昔今所定事人，依時節、法律、罪情道理度量，當永遠執持，眼觀心記，重法處置，按須減除法，諸人犯罪者中，偷盜及死罪，群盜、強盜傷、殺人獲長期徒刑，又盜而侵淩婦女等何有，比此辛亥二十二年三月一日前面罪事所出，判斷已至，及判斷未至，現今當係喚捕逼迫為，過去已重審以外，此後有新出為者，按恩赦解罪不定《律令》判斷。」

此條是在大赦時，對於盜竊罪赦免不赦免的規定。條文中的辛亥二十二年是指西夏仁宗李仁孝乾祐二十二年（1191 年，是年為辛亥年），規定對於此年三月一日之前的諸種盜竊罪予以赦免，而之後的仍按《天盛律令》判斷。

第 14 條：盜雜罪二種犯。

「一諸人犯盜雜罪二種時，雖當依《律令》所載有判斷，然民庶無養家宅，比其逃避因盜著黥杖重事高一等，允許□贖雜罪，成為依盜人之意而為不妥。犯盜雜二種罪時，雜罪應從重者，當按盜罪判斷法，增高杖數重打。盜罪苦役先前已做完時，做何時年月日，雜罪事等當減，所剩勞役數能贖則令贖，不能則當依法續日做苦役，在牧農船車主有使軍、奴僕院中，託付給頭監監督令行。」

此條規定了在罪犯凡有盜竊及其它雜罪兩種罪行的情況下，雜罪可以按盜竊者的意願予以贖免。在犯有兩種罪時，應從重按盜竊罪來判斷。在盜竊罪所判苦役已經做完的情況下，雜罪所判的苦役可以贖免，無力贖免則依舊服役，並令頭監監督執行。

第 15 條：私得牲畜家禽物。

「一告發私得牲畜、家禽、物、財產，《律令》中一個月以內向有司告發，可得入手者處在，過期不告，及與局分人遲滯（知持）、藏匿、分用畜物使無，不繳等時，以偷盜法判斷條已有，犯罪贓罪人私捕牲畜，期限以內依仗盜法罪輕，與局分人知持，畜物實自得到，賣掉、分用、負重而塌脊、落膘，價低而買，若屬者出，及依官當繳，死亡所得益，成為欺詐盜贓人意謀，為不妥也。如彼牲畜、家禽、物財產種種已失，諸人有私得者，中有牲畜一種知，當使在，他處當說，則應何在處當在，一個月以內，當允許為私拿，過日期，屬者無，然後諸人當攔，畜已攔時，自家禽物種種已得日，一個月以內，當到附近有司處報告，三天以內，馱齒、肥情、顏色、印記等，當令明確。家禽與種種物一樣。頒佈上登錄，於市場、司口等處張告示。有牲畜，侵損者入手，未侵損的權交付官之附近牧場放牧人聯繫，死亡賠償、檢校法等，與官畜同。家禽物等得者入手，官畜物屬三個月察看，一年內局分人屬者等出，則當給還。過期，無，則當繳本處充公。若已侵損畜時，令在□□，而家禽物種種，一個月內不告發，隱匿時等，量度錢，當實按偷盜算。畜物侵損時，知證雖已在，然其未告發，及已告發到管事處，與局分人遲滯（知持）藏匿書判，日期過不告交等者，按偷盜法判斷，畜物官私何處當繳、當取。其中與有本局分人非遲滯（知持）藏匿，過期不繳，則依律令施行。」

此條是對《天盛律令》第三「買盜畜人檢得門」中「畜物檢得告交法」條的增補，該條規定：

> 一諸人檢得畜物，按告交法、日期及隱藏使用等罪情節，按所定實行：
>> 一等畜生、飛禽、物、財等已失，諸人檢得，當於整一個月內向附近有司處報告，畜當放於得者處。官畜物三個月，私畜物一年之內，屬者局分人等出領，則當給還，超日期無屬者時，當使交入案處，歸於官。
>> 一等諸人檢得畜物，超期不報告諸司而隱瞞，及若已告，雖置入案但與局分人支持隱寫判案，分用畜物使無而不交時，按偷盜法判斷。當還畜物，應歸給官私處。若非與有案局分人支持隱案，而超限不交，則當比先

有偷盜罪減二等判斷。

一等前述檢得官私畜物數，靠近京城者當經殿前司及所屬
　　郡縣，邊境當經監軍司等經各自管事處，告者是誰，
　　牲畜老幼、顏色、肥瘦使明，當增記於簿上，監軍司
　　人使告經略司。日期過後屬者出認，亦仍舊歸官，應
　　置何處則置何處。

一等前述檢畜物，逾期應歸官時，繫馬匹者先已告殿前司
　　及監軍司，施送立案處，無印則當施印，當使無馬之
　　軍士領而永遠養。此外依牲畜所近，當囑託牧場，官
　　馬中永當使用。其餘別種種小數物品，師儉當令明，
　　應強交於職管處。〔註12〕

　　兩者都是對於撿到失主丟失的牲畜、家禽之後如何處理的規定，其內容
大致近似。只是《亥年新法》的規定更為詳細、具體，《天盛律令》將1條細
分為4款，而《亥年新法》都是在一條中表述。

　　第16條：盜人且謀智清人。

　　「一全國中問盜一種，判深罪應從重時，因有疑近貪，求自告解罪，並
以問官法解出，盜情出時，遣鬥，相盜隱留，參差尋怨，清人本無，議論中
說有，所獲謀誣罪，慢長滯留，所管者亦信其語，以屬問刁難，未敢往承，
居住處人說清人確無，無理虛拔為罪者有，亦未明。如此貪邪不道之人，詐
語連篇，意行姦邪，罪過實有，因鬆脫正直清人無罪而獲罪，諂詐意行泛濫，
上等確實不安，依須禁止條，此後，如此犯失者有時，罪大小、如何謀誣，
一律謀誣盜人，自杖罪起始至有期徒刑者加二等，有長期以上罪者，依次加
一等數，亦可至死罪。若初始有死罪，無可加處，則按詐公堂法判斷，當承
罪。其中謀誣者盜人自告應解脫罪，有未至損害者，亦與何所謀誣法罪比較
承受。」

　　此條規定了對於盜竊且誣陷清白之人的懲處，其中因盜竊應判處杖刑至
有期徒刑的罪加二等，長期徒刑以上者，罪加一等，直至死刑。在《天盛律
令》中的相關條是「問盜門」中的「畜物未失已失謀智清人」〔註13〕

〔註12〕史金波、聶鴻音、白濱譯注：《天盛改舊新定律令》，第183～184頁。
〔註13〕史金波、聶鴻音、白濱譯注：《天盛改舊新定律令》，第182頁。

第 17 條：庫局分盜官物互相舉報。

「庫局分自己局分官錢、物中入手盜出，罪情明確以外，其中自共舉報出時，罪解法當依《律令》上所載施行，已如其它雜盜舉報罪解法，勿入相盜者舉報得賞中。」

此條規定了庫局分監守自盜而且同夥互相舉報時，對於舉報者可以減輕罪行，但是要按照《天盛律令》中「自告償還解罪半議合門」第 1 條「償全還解罪半還減罪」〔註14〕執行，而不是按照《亥年新法》第三中的第 6 條「相盜者等舉報給賞法」執行。

第 18 條：寺院所屬人犯盜罪為除。

「一寺中所屬使軍、奴僕盜常住時，判決驅遣，依他人盜官私法判斷，當驅至苦役處。」

此條是對《天盛律令》「雜盜門」第 4 條「管事者盜常住」的補充，該條規定：

> 一諸寺廟、道觀等所屬設置常住中，大小局分擅自拿取盜持
> 時，加罪之法，當與前述盜官物同。〔註15〕

此條只規定了對於盜竊寺廟、道觀常住的管理者的懲處，而沒有規定寺院的使軍、奴僕盜竊常住的懲罰，因而《亥年新法》予以增補，具體刑罰參照《天盛律令》「雜盜門」第 1 條中的詳細規定。

第 19 條：父母死子年小索取借債。

「一諸人已買、借貸他人地、人、畜物已嘗還後，當為主人應得利。已做文書，原有知證已死，後子或年小，或爾時不在其處，不知緣由。有門下使軍、奴僕餘人等知者，而非物主人應得受者，使承受虛罪未妥，實持文書，以為空話，則諸人有買賣、借債所取文書知證，不可無功行取，使圖謀詐騙成為幸戶，屢屢謀誣者多。如此父母死亡，兒子年幼，不知緣由而損失者享有，永存寶物死後不應受枉罰，按他人持『不應』條，諸人後子知，買他人地、人、畜物，實未入手，債務放還、賣價寄物等與其它相類等，有死者時，後子雖不知，自己使軍、奴僕、節親親戚他人等知緣由，訴訟只關，有文券知證，則依法審問，虛時當承罪。」

此條是對《天盛律令》「催索債利門」的增補，其核心是保護父母已死，

〔註14〕史金波、聶鴻音、白濱譯注：《天盛改舊新定律令》，第 175 頁。
〔註15〕史金波、聶鴻音、白濱譯注：《天盛改舊新定律令》，第 164 頁。

尚年幼之子的債權，不允許債務人以證人已死或當時孩子不在場等理由欠債不還。

第 20 條：取債典當期限不定為。

「一諸人索債，地人舍屋物種種等見，所典當物實未賣，文據上日期不明，錢主人長久日用，本利不給住滯時，典當物無，語約已有文券語約算，放債者價奇物好，因己貪食，因何久返還，使至量不明，速取逼迫、畏逼時，索債者使限時以內，有心無力，不得不住滯，因永儲寶物本少，超價取走，有虧損，利平正不平，漸漸相互取則，意行泛濫，訴訟爭鬥者多，不安思害者有。依此後諸語種種文券中，借債、權寄地、人、舍屋、畜物典當為等，因期限不明一種，當不介語約算，依所定本利法還給。」

此條是對《天盛律令》「當鋪門」的增補，規定在典當契約上沒有明確約定期限的情況下，要按照本利法保障典當者的權利。所謂「本利法」就是《天盛律令》「當鋪門」的第 7 條也是最後一條「因本利等賣典物」，該條具體規定：

> 一諸人當鋪中典當各物品時，本利不等，此後無語量，不問屬
> 者，不准隨意出賣。若違律賣典物時，物價在十緡以內，
> 有官罰馬一，庶人十三杖，十緡以上一律徒一年。物現有，
> 則當還屬者，若無，則依現賣法則，賣錢及物色相同價錢
> 當還給，應算取本利。〔註16〕

該條不允許當鋪隨意出售典當物品，如果違章出售，要賠償典當者。

第 21 條：債未得不典工。

「一諸人所借債務未能償還而出工還時，節親主及有位臣僚，以及雜獨誘諸類種種中有及御印官等者，或在皇帝之根親近枝，或有依自己父母等功得職位官大人，未算議親議功，而後，不應與百姓相等也。此後自己及同居之妻子、兒媳、未嫁女，又節親主之嫁女、諸往媳等，不須令出償工，相借持主中應有償工，則其人當出償工，借貸者何時完成當還。」

此條是對《天盛律令》「催索債利門」的增補，規定了欠債未還而且不用出工抵償的種種情況。與此正相反的是該門中的「因債出力」條，該條規定：

〔註16〕史金波、聶鴻音、白濱譯注：《天盛改舊新定律令》，第 188 頁。

　　　一借官私所屬債不能還，以人出力抵者，其日數、男女工價計
　　　　量之法當與盜償還工價相同。在典人者，依前法計量出工
　　　　人之工價，勿算錢上之利。〔註17〕

該條只是規定了對於出工天數、工價的計量方法。可以看出，《亥年新法》對此加以增補，增加了各種皇親、高官顯貴以及親戚之間不用出工抵償債務的內容，可以更好地維護封建統治階級的利益以及維護封建倫理綱常。

　　第22條：相借者限期還。

　　「一《律令》上知諸人因借債逃跑，借期限償還欠債非分明。主借者逃跑，同借確在，不求還清債務，使期限超過者，日過月超，何時得到不明，令以欺詐債主意行泛濫，因債主人無，當如債罰，然有不妥，想侵害，依已有主借者逃跑時地程遠近測量，起當給相借者三等期限，因搜尋確蹤跡，同借者處當催促還債，未成時，妻子、兒媳、未嫁女等當償工以外，則持主處當催促，若主借者雖確在，而不能還債，當出償工以外，相借持主等逃跑，對主借者當按如前期限求還，償工法當依所定律令施行。」

　　此條是對《天盛律令》催索債利門尤其是其中的第 2 條「債日期不過三次」的增補。該條規定：

　　　一諸人因負債不還，承罪以後，無所還債，則當依地程遠近限
　　　　量，給二三次限期，當使設法還債，以功力當分擔。一次
　　　　次超期不還債時，當計量依高低當使受杖。已給三次寬
　　　　限，不送還債，則不准再寬限，依律令實行。〔註18〕

兩者最大的區別是《亥年新法》將債務人更細分為主借者和同借者，同借者在黑水城出土的西夏文糧食借貸契約中也可看到，以一件漢文意譯文本為例：

　　　光定卯年三月六日立契約者梁十月
　　　狗，今於兀尚般若山自本持者老房勢處借
　　　一石五斗麥，每石有五斗利，共算為二
　　　石二斗五升，期限同年八月一日
　　　當聚集糧數來。日過時，一石還二石。
　　　本心服。　　　　入後邊有之當還

〔註17〕史金波、聶鴻音、白濱譯注：《天盛改舊新定律令》，第 190 頁。
〔註18〕史金波、聶鴻音、白濱譯注：《天盛改舊新定律令》，第 188 頁。

　　　　　　　　立契約者梁十月狗（押）

　　　　　　　　同借（者）兀尚老房狗（押）

　　　　　　　　同借（者）梁九月狗

　　　　　　　　同借（者）李滿德（押）

　　　　　　　　證人楊尚老房狗（押）

　　　　　　　　證人楊神山（押）〔註19〕

其中的兀尚老房狗、梁九月狗、李滿德三人都是同借者。「同借者類似擔保
人」〔註20〕，在《天盛律令》中並不承擔償還債務的義務，而《亥年新法》
則明確規定了在主借者逃跑追索未獲的情況下，同借者要承擔債務。同借者
無力償還時，其妻子、兒媳、未嫁女要以出工的形式償還債務。這些說明西
夏末期由於社會、經濟凋敝，欠債不還（還不起）成爲普遍現象，爲了保護
債權人的利益，維護社會穩定，法律不得不更加嚴格。

　　第23條：居舍、牲畜、土地典當回報。

　　「一諸人所有居舍、地土、使軍、奴僕、其它畜物等，已在官私、常住
等處典當，錢穀上無利，所典地、人、畜物等中的苗果、雇傭工價不算，期
限之內不抽出時，當無。所說典當地、人、畜物數，或他人已回報，與周圍
至所屬者手分別回報者已囑託，或無周遍傳轉互相囑託，屬者雖有手足（親
戚？），自然放本有利，已借債期限文書已作約定，皆期限已畢，與所約限
相違，典物債等無互相委託。逢遇皇恩解脫約定，皆依法還給本利時，如於
恩前有典當地、人、畜、物，已周遍禁傳，按次他人已回報者，與屬者手已
分離，與現在典處一樣，依文書約定罰沒以外，屬者自回報，又無周遍禁傳
互相託付，空現，令他人回報等，與屬者手已分離的借本有利債約定等，依
恩當解，所定本利當依法償還。還利法，文書上超期後按長利算者，其時先
應取索未取索，罪錯住滯一種以下，不僅放債者自己已有，恩所定利當還給，
原本所示期限上合適，但過期還利按『不應』法。由此約定解脫，後以日算
利，則所至本利相等，與依皇恩解脫約定相違，非有益孤貧，庶民公平平等，
非妥也。所示期限已明之內按有何利當還給，不允許日過後算利償還。」

　　此條是對《天盛律令》「當鋪門」的增補，規定了典當者在遇到皇帝降下

〔註19〕史金波：《西夏糧食借貸契約研究》，《中國社會科學院學術委員會集刊》第 1
　　　　輯，社會科學文獻出版社，2005 年，第 186～204 頁。

〔註20〕史金波：《西夏糧食借貸契約研究》。

聖旨，解除與當鋪的典當關係時，如何向當鋪支付居舍、牲畜、土地等典當物本利的具體情況。該條的核心是保護貧窮的典當者的合法權益。

第 24 條：盜人罪依恩解脫亦應追蹤賣人。

「一盜賣官私人一種，不應與畜物同。人者，國本、軍馬所繫。此後依皇恩，罪當解脫也。人現在，有舉報訴訟者，則未管者當接狀、追蹤，並託咐何繫屬處。完。」

此條規定了對於盜賣官私人行爲的處罰不能與盜竊畜物相同，即使依照皇帝旨意可以赦免的，只要有人舉報，也應捉拿。但是對此種行爲更爲具體的刑罰，此條沒有規定。《天盛律令》也沒有與此相關的條目。這裏的「官私人」應該是官府或私人所有的使軍、奴僕。

第二節　《亥年新法》第三反映的西夏末期社會

《天盛律令》是在西夏第五代皇帝仁宗李仁孝天盛年間（1149～1169 年）制定、頒行的一部法典。李仁孝是西夏在位時間最長的皇帝，長達 54 年（1140～1194 年），這一時期可以說是西夏最繁盛的時期，所謂：「崇儒學，禁奢侈，修國史，制新律……典章文物燦然成一代宏規，蓋幾軼遼、金而上之矣。」〔註 21〕天盛年間，正是西夏漢人權臣任得敬得勢、專權乃至覆滅的時期。任得敬原是宋西安州（今寧夏海原縣西）的通判，後降西夏。由於任得敬的女兒被乾順納爲妃子，後晉升爲皇后，因此他在乾順、仁孝兩朝仕途上都一帆風順，在天盛元年（1149 年）入朝任尚書令，後官至國相，逐漸掌握了朝中的大權，封秦晉國王。〔註 22〕他對此並不滿足，企圖篡奪皇位，仁孝被逼無奈，只好在天盛十二年（1160 年），將西南路及靈州囉龐嶺地分給任得敬，讓其自立爲國，並爲他向金朝求封。金世宗認爲：「有國之主豈肯無故分國與人，此必權臣逼奪，非夏王本意。況夏國稱藩歲久，一旦迫於賊臣，朕爲四海主，寧容此邪？若彼不能自正，則當以兵誅之，不可許也。」〔註 23〕他將西夏的貢品退回，向仁孝下詔說：「自我國家戡定中原，懷柔西土，始則

〔註 21〕〔清〕吳廣成撰，龔世俊等校證：《西夏書事校證》卷 38，甘肅文化出版社 1995 年版，第 353 頁。

〔註 22〕參見史金波：《西夏「秦晉國王」考論》，《寧夏社會科學》1987 年第 3 期，第 72～76 頁。

〔註 23〕《金史》卷 134《外國傳上・西夏》，中華書局 1976 年版，第 2869 頁。

畫疆於乃父，繼而錫命於爾躬，恩厚一方，年垂三紀，藩臣之禮既務踐修，先業所傳亦當固守。今茲請命，事頗靡常，未知措意之由來，續當遣使以詢爾。所有貢物，已令發回。」〔註24〕在世宗的明確支持下，仁孝採取措施，誅殺了任得敬，使西夏轉危為安，避免了亡國的危險。史金波先生認為：「從修訂的《天盛律令》內容看，該律令極力維護皇權，除規定對有礙皇權的種種行為處以重刑外，還規定得封王號者須是皇族嵬名氏，在番（党項）、漢官的排列上，官位相同時，番官在前，漢官在後。這些規定對漢人任得敬來說，都是其陞擢、篡權的法律障礙，因此在任得敬完全把持朝政的天盛中後期是不大可能著意纂修這種法律的，因此《天盛律令》很可能是任得敬入朝不久的天盛初年編纂頒行的。」〔註25〕聶鴻音先生在此基礎上，進一步將《天盛律令》的成書年代確定為天盛二年（1150年）。〔註26〕因此，《天盛律令》反映了全盛時期的西夏社會面貌。

《亥年新法》是為增補《天盛律令》而編纂的，其成書年代尚無確切定論。在《俄藏黑水城文獻》第9冊的內容提要中，編者認為：「寫本卷尾或題有光定四年（1214）款，則是書當修成於前。」在《亥年新法》第三的末尾為「光定蛇年五月九□□□□」，該年為西夏神宗李遵頊光定十一年（1221年，辛巳年）。因此，《亥年新法》的成書不應早於該年。《亥年新法》應該是西夏修訂的最後一部法典，此時距離西夏滅亡只有短短幾年的時間了。因此，《亥年新法》反映了西夏末期的社會面貌。

從以上所翻譯的《亥年新法》第三的24條條文中，我們可以看出當時一些社會狀況，大致有三方面：一、貧富分化嚴重，社會矛盾突出；二、統治者極力以法典來維持封建統治秩序與倫理綱常；三、重視與鄰國（金朝）的關係。

一、貧富分化嚴重，社會矛盾突出。

第13條「盜罪依恩解脫解不脫」規定了對於仁宗乾祐二十二年（1191年）三月一日之前的諸種盜竊罪予以赦免，而之後發生的仍按《天盛律令》判斷。對罪犯予以赦免的條文未在《天盛律令》中出現而在《亥年新法》中

〔註24〕《金史》卷134《外國傳上‧西夏》，第2869頁。
〔註25〕史金波：《西夏〈天盛律令〉及其法律文獻價值》，《史金波文集》，第457頁。
〔註26〕聶鴻音：《西夏〈天盛律令〉成書年代辨析》，《西夏文獻論稿》，上海古籍出版社2012年，第93頁。

出現，這說明西夏末期的積案與罪犯大大增多，可能已經影響了正常的社會秩序，因此按照年限對一部分罪犯予以赦免，以緩和社會矛盾，減少社會不穩定因素。

第 20 條「取債典當期限不定爲」說明西夏末期大量貧民無以爲生，只能靠典當物品來維持生活，而這些物品往往爲當鋪隨意出售，這樣的現象多了也會激化矛盾，因此要立法予以限制。同樣，第 23 條「居舍、牲畜、土地典當回報」也是保護貧窮的典當者的利益。

第 22 條「相借者限期還」說明西夏末期由於民生的困乏，欠債不還或還不起的事件大爲增多，因此要立法明確同借者也有承擔債務的義務，以保護債權人的利益，維護社會的穩定。

第 24 條「盜人罪依恩解脫亦應追蹤賣人」是關於買賣人口的法規，這在《天盛律令》中是沒有的，也說明了西夏末期大量赤貧人口無力糊口，只能賣身爲使軍或奴僕。

二、統治者極力以法典來維持封建統治秩序與倫理綱常。

封建社會制定法典的本身就是爲了維護封建統治秩序以及作爲其基礎的封建倫理綱常，《天盛律令》是這樣，《亥年新法》也是如此。

第 4 條「盜官中錢物算群盜」對於盜竊官物、常住的官員、和尚、道士等以刑罰較重的群盜罪來判處，一反《天盛律令》的規定，說明統治者對自己的利益更加維護。第 21 條「欠債不典工」規定各種皇親國戚、高官顯貴欠債未還，不用出工抵償。更是著重維護統治階級的利益。

第 5 條「節親互相取畜物」參照《天盛律令》對於親屬之間盜竊罪的刑罰予以減輕的規定，對親屬之間「拿取」的行爲也參照盜竊予以退減刑罰。第 7 條「父母等盜取子孫之畜物與減」規定了父母等長輩盜竊、使用晚輩的畜物無須賠償。第 21 條還規定各種親屬之間欠債不還，也不用出工抵償。這些都是出於維護封建倫理綱常的目的。

三、重視與鄰國（金朝）關係。

這主要體現在第 12 條「盜竊敵人賠償」上，所謂敵人，主要指的是金朝。對於西夏，金朝基本上能始終站在宗主國的立場上，儘量維護兩國的友好關係，在前期西夏處於內亂的情況下，能夠堅決支持西夏平定叛亂，穩定了西夏國內政局，同時也穩定了自己的西部邊疆。而後期金朝在自己國力不能與蒙古抗衡的情況下，已無力維護藩屬的安全，因而造成兩國反目。1211 年 9

月，西夏神宗李遵頊在蒙古軍隊圍攻金中都的同時也入侵金朝。金衛紹王在抵抗西夏入侵的同時，還想竭力挽回同西夏的關係，崇慶元年（1212 年）三月，「遣使冊李遵頊爲夏國王」〔註27〕。而西夏在大規模進攻的同時，也虛與委蛇，「十二月，夏國王李遵頊謝冊封」〔註28〕。金宣宗即位後，與西夏小的戰事持續不斷。貞祐四年（1216 年）閏六月，宣宗應陝西行省請求，兵分兩路伐夏。之後，小規模戰事仍不斷。雙方雖曾想議和，但是遲遲不見進展，興定四年（1220 年）八月，「詔有司移文議和，事竟不克」〔註29〕。對議和最大的阻力來自同年西夏與南宋達成的聯合攻金的協議。西夏不但聯宋攻金，而且還協從蒙古伐金。金元光二年（1123 年），李遵頊還曾命令太子德任率兵攻金而爲太子所拒。最終，金哀宗正大二年（1225 年，西夏獻宗乾定二年），「夏國和議定，以兄事金，各用本國年號，遣使來聘，奉國書稱弟。」〔註30〕但是和平對於兩國來說，到來的太晚了，經過十餘年的不斷戰爭，雙方的實力都受到了極大的損失，最終都陷於覆國的命運。

在兩國關係持續交惡的情況下，在《亥年新法》中能夠出現賠償敵人的法律條文，一方面說明西夏還是重視與金朝的關係，避免因爲小的矛盾而惡化兩國關係。另外一方面也說明兩國民間交往的頻繁，在金世宗時，就有官員彙報：「夏國與陝西邊民私相越境，盜竊財畜，姦人託名榷場貿易，得以往來。」〔註31〕可見，在正常交往下，出現盜竊這種不和諧現象也是難以避免的，這也是賠償敵人法律條文出現的原因。

〔註27〕 《金史》卷 13《衛紹王紀》，第 295 頁。
〔註28〕 《金史》卷 13《衛紹王紀》，第 295 頁。
〔註29〕 《金史》卷 134《外國傳上・西夏》，第 2875 頁。
〔註30〕 《金史》卷 17《哀宗紀上》，第 376 頁。
〔註31〕 《金史》卷 134《外國傳上・西夏》，第 2870 頁。

第三章　西夏盜竊法與《唐律疏議》盜竊法比較研究

　　盜竊是在私有制產生之後就出現的一種社會行為，其實質是侵犯公私財產的犯罪行為。中國對於這種罪行的立法也有著悠久的歷史。《唐律疏議》記載：「《賊盜律》者，魏文侯里悝首制《法經》，有《盜法》、《賊法》，以為法之篇目。自秦、漢逮至後魏，皆名《賊律》、《盜律》。北齊合為《賊盜律》。後周為《劫盜律》，復有《賊叛律》。隋開皇合為《賊盜律》，至今不改。」〔註1〕可見，至遲在戰國時期，盜竊法已經成為古代法典中的一項重要內容。其後，盜法、賊法或稱之為盜律、賊律，或分或合。直至唐代，在唐律十二篇中被合為第七篇賊盜律。

　　《唐律疏議》中賊盜律共有四卷，也就是第十七、十八、十九、二十卷，其中第十七、十八卷是賊律，第十九、二十卷是盜律也就是盜竊法的內容。第十九卷有法律條文 17 條，第二十卷有 15 條，共計 32 條。

　　西夏法典《天盛律令》以《宋刑統》為借鑒，在篇下設立了門，門之下再繫以條。《天盛律令》第三共有 15 門 99 條，門有盜親門、雜盜門、群盜門、重盜門、妄劫他人畜馱騎門、分持盜畜物門、盜賠償返還門、自告償還解罪減半議合門、追趕捕告盜門、搜盜蹤跡門、問盜門、買賣畜人檢得門、盜毀佛神地墓門、當鋪門、催索債利門。其中當鋪門 7 條與催索債利門 15 條是債權法的內容，這樣關於盜竊法的內容一共有 13 門 77 條。其中盜親門

〔註1〕　《唐律疏議》卷 17《賊盜》，劉俊文《唐律疏議箋解》本，中華書局 1996 年版，第 1233 頁。

5 條、雜盜門 22 條、群盜門 5 條、重盜門 1 條、妄劫他人畜駄騎門 4 條、分持盜畜物門 6 條、盜賠償返還門 4 條、自告償還解罪減半議合門 7 條、追趕捕告盜門 4 條、搜盜蹤跡門 5 條、問盜門 4 條、買賣畜人檢得門 3 條、盜毀佛神地墓門 7 條。

以條數來說，《天盛律令》盜竊法的 77 條遠遠超過了《唐律疏議》盜律的 32 條。並且「《天盛律令》各卷條款都是實實在在的律令條文，沒有其它附加的注疏，必要的敕、令、格、式等的內容都已被融入律令條文之中。」〔註2〕

《唐律疏議》盜律中有 12 條未被西夏所沿襲或參照，即以下各條：285 恐喝取人財物、286 以他故毆人因而奪物、280 盜不計贓立罪名、288 卑幼將人盜己家財、290 以私財奴婢貿易官物、291 山野物已加功力輒取、292 略人略賣人、293 略和誘奴婢、294 略賣期親以下卑幼、295 知略和誘和同相賣而買、300 公取竊取皆為盜、301 部內人為盜及容直盜。其餘的 20 條或多或少的成為《天盛律令》的藍本，以下將其與《天盛律令》中的相關條文逐條進行比較，以梳理清楚《天盛律令》盜竊法的淵源及發展。

270　祀神御物

諸盜大祀神御之物者，流二千五百里。謂供神御者，帷帳几杖亦同。其擬供神御，謂營造未成者。及供而廢闕，若饗薦之具已饌呈者，徒二年；饗薦，謂玉幣、牲牢之屬。饌呈，謂已入祀所，經祀官省視者。未饌呈者，徒一年半。已闕者，杖一百。已闕，謂接神禮畢。若盜釜、甑、刀、匕之屬，並從常盜之法。〔註3〕

按此條規定了對於盜竊皇室祭祀器物罪行的刑罰。這種犯罪行為在唐代被納入「十惡」之中的第六項「大不敬」之中，在《唐律疏議》名例篇中「十惡」條目中提及，此處又加以詳細規定。「十惡」是指危害封建統治利益以及破壞封建綱常的重大犯罪行為。最初見於《北齊律》的「重罪十條」。之後，隋朝《開皇律》正式確立十惡制度，唐朝因襲，將其列為各種罪行之首。

《天盛律令》第一也是「十惡」內容，其中「大不恭門」有「盜御用供物」條，規定：

〔註2〕史金波：《西夏〈天盛律令〉及其法律文獻價值》，《法律史論集》第1卷，法律出版社1998年，第452～478頁。
〔註3〕《唐律疏議》卷19《賊盜》，第1331頁。

一御衣已成往獻，已行及已獻，供給穿衣時盜竊，及宗廟前面

供物現擺時拿取，一律主謀絞殺，從犯十二年。〔註4〕

可見，《天盛律令》對於盜竊皇室祭祀器物罪行的規定較《唐律疏議》簡略，《唐律疏議》對於盜竊價值不同的祭祀器物以及危害程度，有著相應的刑罰，分為流刑、徒刑、杖刑三種刑罰。而《天盛律令》則不論所盜物品，一律主犯死刑，從犯 12 年徒刑，遠較《唐律疏議》嚴苛。由於在第一中已經規定了刑罰，因而在《天盛律令》第三中沒有針對對此項罪行的條目，這也與《唐律疏議》不同。

271　盜御寶及乘輿服御物

諸盜御寶者，絞；乘輿服御物者，流二千五百里；謂供奉乘輿之物。服通食、茵之屬，真、副等。皆須監當之官，部分擬進，乃為御物。其擬供服御及供而廢闕，若食將御者，徒二年；將御，謂已呈監當之官。擬供食御及非服而御者，徒一年半。〔註5〕

274　盜符節門鑰

諸盜宮殿門符、發兵符、傳符者，流二千里；使節及皇城、京城門符，徒三年；餘符，徒一年。門鑰，各減三等。盜州、鎮及倉廚、殿庫、關門等鑰，杖一百。縣、戍等諸門鑰，杖六十。〔註6〕

第 271 條規定了對於盜竊玉璽及皇帝使用物品罪行的刑罰，在《唐律疏議》名例篇中「十惡」條目中也有提及，此處又加以詳細規定。第 274 條規定了盜竊各種符節與鑰匙的罪行。《天盛律令》第一「大不恭門」有「御印牌造盜」條將這兩條的內容合二為一，且加以簡化：

一偽造及偷盜御印等時，主謀以劍斬，家門勿連坐，從犯無

期徒刑。偽造信牌及盜牌者，造意絞殺，從犯徒十二年。

〔註7〕

此條與《唐律疏議》第 271 條同樣都有盜竊玉璽的內容，但《唐律疏議》中盜竊御用物品的罪行在此則省略。符節與牌子都是古代執行具體事務的官員、人員的身份證明或通行證明，到了遼宋金元時期，符節逐漸為牌子所取

〔註4〕史金波、聶鴻音、白濱譯注：《天盛改舊新定律令》，第 127 頁。
〔註5〕《唐律疏議》卷 19《賊盜》，第 1343 頁。
〔註6〕《唐律疏議》卷 19《賊盜》，第 1353 頁。
〔註7〕史金波、聶鴻音、白濱譯注：《天盛改舊新定律令》，第 127 頁。

代，但其性質相同。《唐律疏議》中盜竊鑰匙的罪行沒有爲《天盛律令》所承襲。《天盛律令》中除了盜竊之外，相對《唐律疏議》第 271 條、第 274 條又都增加有偽造的內容，而且偽造與盜竊的罪行相當。此條《天盛律令》的刑罰也較《唐律疏議》嚴苛。同樣，由於在第一中已經規定了刑罰，因而在《天盛律令》第三中沒有針對對此兩項罪行的條目，這也與《唐律疏議》不同。

272　盜官文書印

諸盜官文書印者，徒二年。餘印，杖一百。謂貪利之而非行用者。餘印，謂印物及畜產者。〔註 8〕

273　盜制書官文書

諸盜制書者，徒二年。官文書，杖一百；重害文書，加一等；紙券，又加一等。亦謂貪利之，無所施用者。重害，謂徒罪以上獄案及婚姻、良賤、勳賞、黜陟、授官、除免之類。即盜應除文案者，依凡盜法。〔註 9〕

275　盜禁兵器

諸盜禁兵器者，徒二年；甲、弩者，流二千里。若盜罪輕，同私有法。盜餘兵器及旌旗、幡幟者，杖九十。若盜守衛宮殿兵器者，各加一等。即在軍及宿衛相盜，還充官用者，各減二等。〔註 10〕

第 272 條規定了盜竊官文書所用印及其它類型的官印的刑罰，第 273 條規定了對於盜竊各種官方文書的刑罰，第 275 條規定了盜竊官兵器及旗幟等罪行。《天盛律令》第三「雜盜門」有「盜官敕諭文印章旗鼓金等」條：

一諸人及門下人等相恨，盜竊官敕、上諭、印、旗、金鼓等時，已亡失、未亡失一律徒一年。其中與盜印、旗、金鼓等物量盜法比較，依其重者判斷。又盜大小臣僚所有之詔書，則徒三年。〔註 11〕

此條將唐律的第 272、273 條、275 條合而爲一，刪除了第 275 條中盜竊兵器的內容，增加了盜竊金鼓等內容。但從條文中的「等」字來看，可能兵器也包含其中。另外，此條規定了盜竊詔書的刑罰超過盜竊一般官文書的刑罰。

〔註 8〕　《唐律疏議》卷 19《賊盜》，第 1347 頁。
〔註 9〕　《唐律疏議》卷 19《賊盜》，第 1349～1350 頁。
〔註 10〕　《唐律疏議》卷 19《賊盜》，第 1356 頁。
〔註 11〕　史金波、聶鴻音、白濱譯注：《天盛改舊新定律令》，第 167 頁。

276　盜毀天尊佛像

諸盜毀天尊像、佛像者，徒三年。即道士、女官盜毀天尊像，僧、尼盜毀佛像者，加役流。眞人、菩薩，各減一等。盜而供養者，杖一百。<small>盜、毀不相須。</small>〔註12〕

此條規定了盜竊、毀壞道教、佛教神像的刑罰。《天盛律令》第三「盜毀佛神地墓門」有「盜毀佛神夫子像等」條：

一諸人佛像、神帳、道教像、天尊、夫子廟等不准盜損減毀。
若違律時，造意徒六年、從犯徒三年。其中僧人、道士及軍所屬管事者損毀時，當比他人罪狀增加一等。若非損壞，盜而供賣者，則有官罰馬一、庶人十三杖。若價值很多，則視強盜、偷盜錢數之罪及損毀罪比較，依其重者判斷。〔註13〕

可見《天盛律令》此條幾乎完全脫胎於唐律，兩者都規定了對於一般人及宗教職業者毀壞宗教造像的不同刑罰，後者刑罰要重於前者。唐律將道教、佛教神像分爲兩個等級，第一等爲天尊像、佛像，第二等爲眞人像、菩薩像，對於盜毀後者的刑罰要輕於前者，《天盛律令》則沒有此細分。

277　發冢

諸發冢者，加役流；<small>發徹即坐。招魂而葬亦是。</small>已開棺槨者，絞；發而未徹者，徒三年。其冢先穿及未殯，而盜屍柩者，徒二年半；盜衣服者，減一等；器物、磚、版者，以凡盜論。〔註14〕

278　盜園陵內草木

諸盜園陵內草木者，徒二年半。若盜他人墓塋內樹者，杖一百。

〔註15〕

277 條規定了對於盜墓諸種行爲的刑罰，278 條規定了對於盜伐帝王陵園草木以及常人墓地樹木的刑罰。《天盛律令》對這簡單的兩條予以詳細增補，在第三「盜毀佛神地墓門」中除了「盜毀佛神夫子像等」1 條外，剩餘的 6 條都是對於盜墓的刑罰。分別是「損毀地墓陵石記文等」、「損毀埋屍墓

〔註12〕　《唐律疏議》卷 19《賊盜》，第 1359～1360 頁。
〔註13〕　史金波、聶鴻音、白濱譯注：《天盛改舊新定律令》，第 184 頁。
〔註14〕　《唐律疏議》卷 19《賊盜》，第 1364 頁。
〔註15〕　《唐律疏議》卷 19《賊盜》，第 1369 頁。

場等」、「墓中未往損毀屍」、「耕刨土而出屍」、「他人地中燒屍埋屍」、「祖父母墓丘陵他人損毀議合」。其具體內容是：

一不准諸損毀地墓、陵、立石、碑記文等。違律時，於殿上座節親、宰相、諸王等所屬地墓上動手者徒六年，至棺槨上則徒弟十二年，棺槨損壞至屍體者當絞殺。以下臣民等所屬地墓上動手，徒三年，至於棺槨上徒六年，損壞棺槨而至屍則徒八年。又損壞無屍之壇、臺、陵、立石、碑文、石獸等時，一律當依前比損壞地墓罪減三等。若以暴力進行數次損壞，貪取地墓中物，則按強盜、偷盜法則及毀損罪，依重者判斷。

一諸人屍已埋及或已燒，屍灰未捨棄，已集土而放置，如彼損毀墓場時，使與前述於地墓棺槨上動手罪同等判斷。

一死人未送往地墓中，暫停放屍，放置時動手損毀，則當比於地墓上動手諸罪行減一等。若貪物，則計量物，與盜罪比，依其重者判斷。

一地墓丘場實未損壞，沿其根邊耕種者，不治罪。地墓丘場已損壞，痕跡不明，未知所耕，刨土而出人屍，則於無礙妥善處掩埋，骨殖勿暴露。若已見骨屍不埋，隨意拋擲時，無論尸主明不明，一律徒二年。

一諸人因逃難、乞丐者死，准許於官私閒地中埋燒，不准其處家主人往他人地埋燒屍體。違律時有官罰馬一，庶人十三杖，將屍體掘出，放自己地中。若地主人不告諸司，自己隨意將屍體地上拋投時，按前述耕地出他人屍體不埋法判斷。

一諸人損壞地墓、丘墳、陵等時，當准許他人舉告。若曾祖及祖父、祖母、父、母等地墓被他人損毀，子、孫、曾孫等已知覺，因貪贓徇情不舉告議合時，當比地墓損毀者各罪狀減二等。〔註16〕

279 盜殺官私馬牛

諸盜官私馬牛而殺者，徒二年半。〔註17〕

〔註16〕史金波、聶鴻音、白濱譯注：《天盛改舊新定律令》，第184～186頁。
〔註17〕《唐律疏議》卷19《賊盜》，第1372頁。

《天盛律令》第三中有「妄劫他人畜馱騎門」專門規定了對於盜竊牲畜的懲罰，其中第一條「馱騎知躲」規定：

> 一諸人已□躲避，屬者未知，對他人之牲畜於道上劫馱騎時，與畜屬者相識、不相識一樣，捕畜時於他人處未說知，而令留住者，五日之內放畜，則放時令知見在，因未問屬者之意而馱騎，有官罰馬一，庶人十三杖。已殺其畜，已無有，當償。若放時未使知，及五日中已無有，畜實在馱騎手上，畜主人及他人等捕捉舉告，及超過日期等，一律依數量按偷盜法判斷。〔註18〕

可見，盜牲畜者在五日內返還原主，只是給予有官的犯罪者罰馬一匹、庶民十三杖的處罰。對於已殺牲畜，則要賠償。其它情況則按照數量以偷盜法來判決。

另外，《天盛律令》第二「盜殺牛駱駝馬門」共 11 條專門規定了對於盜殺牲畜的懲罰，分別是「殺自屬大畜」、「殺至五服之大畜」、「盜殺遠節他人之大畜」、「殺盜罪較」、「知殺食肉」、「殺死傷畜」、「殺騾驢」、「殺畜舉賞」、「同時先後殺畜一律算」、「殺陪葬」、「殺畜撲賞及不捕告罪」。其中規定殺自己的大牲畜時，殺一頭即判刑四年，殺二頭五年，殺三頭以上一律六年。另外「殺盜罪較」條規定：

> 一前述剎殺牛、駱駝、馬時，有盜畜者，其剎殺罪以及盜畜錢量罪狀與第三卷上所示比較，依其重者判斷。〔註19〕

可見，對於盜殺大牲畜的罪行，西夏的刑罰要重於唐朝。

281　強盜

> 諸強盜，謂以威若力而取其財，先強後盜、先盜後強等。若與人藥酒及食，使狂亂取財，亦是。即得闌遺之物，毆擊財主而不還；及竊盜發覺，棄財逃走，財主追捕，因相拒捍：如此之類，事有因緣者，非強盜。不得財徒二年；一尺徒三年，二尺加一等；十尺及傷人者，絞；殺人者，斬。殺傷奴婢亦同。雖非財主，但因盜殺傷，皆是。其持仗者，雖不得財，流三千里；五尺，絞；傷人者，斬。〔註20〕

〔註18〕史金波、聶鴻音、白濱譯注：《天盛改舊新定律令》，第170～171頁。
〔註19〕史金波、聶鴻音、白濱譯注：《天盛改舊新定律令》，第154頁。
〔註20〕《唐律疏議》卷19《賊盜》，第1377～1378頁。

　　《唐律疏議》將強盜罪的刑罰分爲三等：未得贓物的二年徒刑；贓物價值一尺至二疋者判三年以上徒刑；贓物十疋及傷人者，絞殺；殺人者，斬首。另外對於強盜持械的情況，則分三等判決，且更爲嚴厲。

　　《天盛律令》「雜盜門」有「偷強盜後殺人」條〔註21〕，將強盜定義爲偷盜過程中傷人、殺人的行爲，且同樣區分爲持械、不持械兩種情況按照贓物多少等級量刑，但不同之處在於西夏對於已經謀劃尙未實施的盜竊也予以判處徒刑，最高刑罰不是斬首而是絞殺。

282　竊盜

　　諸竊盜，不得財笞五十；一尺杖六十，一疋加一等；五疋徒一年，五疋加一等，五十疋加役流。〔註22〕

　　《天盛律令》「雜盜門」有「偷強盜後殺人」條也規定了對於偷盜的刑罰，同強盜罪一樣也是等級量刑，也是對於已經謀劃尙未實施的偷盜即處以杖刑，其最高刑爲絞殺，遠較《唐律疏議》嚴苛。

283　監臨主守自盜

　　諸監臨主守自盜及盜所監臨財物者，若親王財物而監守自盜，亦同。加凡盜二等，三十疋絞。本條已有加者，亦累加之。〔註23〕

　　此條規定了對於監守自盜者的刑罰，《天盛律令》也沿襲了此項法律，並且在「雜盜門」中分別設置了「管事者盜庫物」、「管事者盜常住」兩條，對於監守自盜的官員和寺廟、道觀中的監守自盜者分別立法，但其刑罰相同，都是較一般盜竊行爲，監守自盜的主要官員罪加二等，一般官員罪加一等。但是與《唐律疏議》不同的是，西夏對於監守自盜者，最高不處以死刑。

284　故燒人舍屋而盜

　　諸故燒人舍屋及積聚之物而盜者，計所燒減價，並贓以強盜論。〔註24〕

　　《天盛律令》對此條予以改動，在「雜盜門」中有「不允（拿）起火獲罪等之物」條，規定：

　　一因十惡及其它大小公事□□違敕語獲罪，及諸人起火等，所

〔註21〕史金波、聶鴻音、白濱譯注：《天盛改舊新定律令》，第162～163頁。
〔註22〕《唐律疏議》卷19《賊盜》，第1382頁。
〔註23〕《唐律疏議》卷19《賊盜》，第1387～1388頁。
〔註24〕《唐律疏議》卷19《賊盜》，第1392頁。

屬畜、物不允旁人持拿。若違律時，依畜物量，同偷盜、
強盜之罪狀判斷。〔註25〕

《唐律疏議》中是故意縱火的行爲，而此條則是盜竊者並不是縱火者，而只
是「趁火打劫」。

287　盜緦麻小功財物

諸盜緦麻、小功親財物者，減凡人一等；大功，減二等；期親，
減三等。殺傷者，各依本殺傷論。此謂因盜而誤殺者。若有所規求而故殺期以
下卑幼者，絞。餘條準此。〔註26〕

《天盛律令》將此條大大發展，由一條而增加爲一門五條，即「盜親
門」：「宗姻服內相互爲盜」、「盜姻親不在服」、「盜親中傷殺人」、「盜親中有
他人」、「節遠盜」。具體規定：

一節親親戚不共有畜和物，不相商議而隨意相盜竊時，曾、高
祖、祖父母、父母等自子，孫、曾孫、玄孫等之畜財拿走，
不治罪。所竊畜物有能力當還，不能則不須還。若其畜物
屬者自□□用則上父母價何取□□□還回，自屬現畜物當
□□□□□遠近五等□□□□□□□□□何已竊，比他人
罪□□□□□□依以下所定判斷。畜物□□□□者，自不
告，不允他人舉告。若□□時，告者、接狀者等有官罰馬
一，庶人十三杖。

一等穿三個月、五個月喪服等相互爲盜時，當比他人盜竊
罪一次減少二等。

一等穿九個月喪服相互盜竊時，當比穿三個月喪服之罪減
二等。

一等穿一年喪服相互盜竊時，當比穿三個月喪服之罪減三
等。

一等穿三年喪服互相盜時，當比穿三個月喪服之罪減四
等。

一姻親雖不屬穿一年喪服中，自共相盜竊時，依親節遠近，當
比盜竊他人□減一等：母之祖父、祖母，妻之伯叔，妻子

〔註25〕史金波、聶鴻音、白濱譯注：《天盛改舊新定律令》，第167頁。
〔註26〕《唐律疏議》卷20《賊盜》，第1405頁。

之祖父、祖母，……妻子之兄弟嫂娣，姑之……妻子兄弟

之子，兄弟之妻子，……姐妹之夫，親家翁、親家母，舅

之子，母姐妹之子，姑姐妹之子。

一盜親中有殺傷人者，以節親相殺傷，及盜竊他人中殺傷人，

依其重者判斷。

一諸人節親親戚相盜竊時，有與他人同謀時，盜親罪狀已明以

外，他人之罪，依有親節法判斷。

一明顯不屬五種喪服及姻親中相盜竊等當使減罪者，其它節親

親戚此所示無有者，依盜他人法判斷。〔註27〕

《天盛律令》沿襲了《唐律疏議》血緣關係越近刑罰越輕的原則。

289　因盜過失殺傷人

諸因盜而過失殺傷人者，以鬥殺傷論，至死者加役流。得財、不
得財等。財主尋逐，遇他死者，非。其共盜，臨時有殺傷者，以強盜論；同
行人不知殺傷情者，止依竊盜法。〔註28〕

此條將盜竊中殺傷人的行爲分成過失和故意兩種。《天盛律令》則不然，
將殺人行爲按照故意來判斷。其雜盜門「盜中殺人未往人知覺」條規定：

一諸人往行偷盜、強盜、同謀盜竊而跟隨同往，其□有殺人者，

殺人者、同謀者按故意殺傷人法判斷。相伴隨不在殺人同

謀之列，未知覺，盜已發，則當依偷盜、強盜、造意、主

從，知覺等何是懲罪。若後知殺人語，隱罪未告舉，則徒

八年，與物入手罪比較，依其重者判斷。〔註29〕

296　知略和誘強竊盜受分

諸知略、和誘及強盜、竊盜而受分者，各計所受贓，準竊盜論
減一等。知盜贓而故買者，坐贓論減一等；知而爲藏者，又減一等。

〔註30〕

此條是對分贓、買贓及窩贓的刑罰。《天盛律令》分持盜畜物門「知盜分
物」對此也大致沿襲並略有改動，其具體規定：

〔註27〕 史金波、聶鴻音、白濱譯注：《天盛改舊新定律令》，第160～161頁。

〔註28〕 《唐律疏議》卷20《賊盜》，第1411～1412頁。

〔註29〕 史金波、聶鴻音、白濱譯注：《天盛改舊新定律令》，第164～165頁。

〔註30〕 《唐律疏議》卷20《賊盜》，第1440頁。

> 一未參與同謀盜竊畜物，知覺他人盜竊，參與分持物，及買、
> 抵債、寄典當時，視偷盜、強盜程度如何，當比盜竊從犯
> □各種罪狀減一等。〔註31〕

此條除了和《唐律疏議》一樣涉及到分贓、買贓外，還增加了抵債、寄典當的內容，這些行為都較盜竊罪減一等，但是未涉及到窩贓的內容。

297　共盜並贓論

> 諸共盜者，並贓論。造意及從，行而不受分，即受分而不行，各依本首從法。若造意者不行，又不受分，即以行人專進止者為首，造意者為從，至死者減一等。從者不行，又不受分，笞四十；強盜，杖八十。若本不同謀，相遇共盜，以臨時專進止者為首，餘為從坐。
> 共強盜者，罪無首從。主遣部曲、奴婢盜者，雖不取物，仍為首；若行盜之後，知情受財，強盜、竊盜，並為竊盜從。〔註32〕

298　共謀強竊盜

> 諸共謀強盜，臨時不行，而行者竊盜，共謀者受分，造意者為竊盜首，餘並為竊盜從；若不受分，造意者為竊盜從，餘並笞五十。若共謀竊盜，臨時不行，而行者強盜，其不行者造意受分，知情、不知情，並為竊盜首；造意者不受分及從者受分，俱為竊盜從。
> 〔註33〕

以上兩條都是關於共同盜竊罪的內容。297 條規定了對於共同盜竊罪的計贓原則以及確定首犯、從犯的原則。298 條是對共同盜竊罪主從犯的區分。《天盛律令》中將共同盜竊罪稱為群盜，設置了「群盜門」，下列 5 條，分別是「皆往物入手」、「盜物未入手」、「群盜滿相半往取」、「盜地散畜穀物」、「庫局分不算群盜」：

> 一五人以上同謀皆往盜竊，畜物已入手，則多寡不論，當為群
> 盜。無論主從，不論有官、庶人，一律皆當以劍斬。自己
> 妻子，同居子女當連坐，應入牧農主中。其中二三人往盜
> 竊，有一二人未往盜竊時，勿算群盜。依強盜、偷盜主從
> 犯判斷。

〔註31〕史金波、聶鴻音、白濱譯注：《天盛改舊新定律令》，第 171 頁。
〔註32〕《唐律疏議》卷 20《賊盜》，第 1443～1444 頁。
〔註33〕《唐律疏議》卷 20《賊盜》，第 1448 頁。

一足群盜數往盜竊，畜、物未入手，則造意當絞殺，從犯徒十
二年。已謀而未往者，主謀徒十二年，從犯徒六年。

一高於群盜數同謀，其中足群盜數幾人往盜，一部分未往者，
其未往人分取物時，則按群盜法判斷，未曾分取物則徒十
二年。若已往人未得物，則未往人徒六年。

一成群而來，檢得畜物，及抽拿各種穀物、草捆、蔬菜、木植、
瓜、樹果、散放於地畜等，及盜取畜物後，他人知覺，而
賣、使用、分，人數變多等，一律不算群盜。按強盜、偷
盜錢量依盜法及知覺等法判斷。

一諸庫局分大小人數爲多，及與他人謀，引導盜持自己局分官
物者，勿算群盜。按庫局分人他人分別盜法，依其罪判斷。
其中除庫局分以外，僅旁人足五人則當按群盜論。〔註34〕

《天盛律令》將五人以上的共同盜竊才視爲群盜，其對主從犯的劃分不像
《唐律疏議》那樣細緻，而是對於已獲贓物的，無論主從一律處死，對於謀
劃好尚未實施以及已經實施未獲贓物的群盜則分主從，分別量刑。《天盛律
令》設置群盜門，可以使西夏統治者對於危害更大的群盜行爲予以嚴懲，更
好地封建統治秩序。

299 盜經斷後三犯

諸盜經斷後，仍更行盜，前後三犯徒者，流二千里；三犯流者，
絞。三盜止數赦後爲坐。其於親屬相盜者，不用此律。〔註35〕

此條規定了多次盜竊的刑罰。《天盛律令》中專門設置了重盜門，其中唯
一的一條是「重盜增加罪」，其具體內容爲：

一諸人前因盜已作判斷，短期勞役日滿，以及解除長期徒刑勞
役等而重盜者，當按新罪判斷。短期徒刑日未滿重盜時，
除死罪以外，短期徒刑未完日期及新罪刑期共相比較，視
罪狀高低，以其重者判斷。輕罪者當入重罪，罪相等者當
依次加一等，可至無期徒刑、長期徒刑。往時，依黥、杖
法則辦。無期徒刑中重盜者，新罪犯杖罪，則當依杖法承
擔，依舊處理。犯一個月勞役以上罪則不論大小，當絞殺。

〔註34〕史金波、聶鴻音、白濱譯注：《天盛改舊新定律令》，第169～170頁。
〔註35〕《唐律疏議》卷20《賊盜》，第1450頁。

〔註36〕
西夏對於重盜同《唐律疏議》一樣最高都可判處死刑，但不像《唐律疏議》那樣累積三次從重處理，其基本的原則是從新從重。

　　《天盛律令》盜竊法一共有 13 門 77 條，遠遠超過了《唐律疏議》盜律的 32 條。其法律條文較《唐律疏議》更為細緻、縝密，也更具有操作性。

〔註36〕史金波、聶鴻音、白濱譯注：《天盛改舊新定律令》，第 170 頁。

第四章　西夏盜竊法與宋朝盜竊法比較研究

　　宋朝統治者十分重視法制建設，在建國之初，就沿襲唐律，於建隆四年（983 年）制定了《建隆重詳定刑統》，簡稱爲《宋刑統》。《宋刑統》除了沿用《唐律疏議》的大部分內容之外，還將唐玄宗開元二十年（714 年）之後包括五代、宋初的敕令格式 177 條分類編排在律文之後，另外還增設「起請」32 條，作爲解釋性條文。《宋刑統》還在篇之下增設了「門」，也就是將性質近似的條文繫於門之下。

　　對於《宋刑統》在宋朝的使用時間，目前宋史學界看法不一。有的學者認爲：「隨著編敕的不斷發展，《刑統》的常法地位逐步下降，至宋神宗宣佈以敕代律之後，《刑統》的實際法律地位已是名存實亡，處於『存之以備用』的地位了。所以說《宋刑統》只是北宋中前期的現行法律，並非終宋之常法。」〔註 1〕但也有的學者認爲：「《宋刑統》作爲宋代通行的基本法典，終宋之世，用而不棄，起著任何其它法規所不能替代的作用。有宋一代，敕律並行。作爲法律形式之一的敕，僅優於律首先適用而已。從未取代過律。」〔註 2〕

　　同《唐律疏議》一樣，《宋刑統》的卷 19、20 也是賊盜律，其中卷 19 設置了 8 門，分別是：「盜大祀神御物」、「盜毀天尊佛像」、「發冢」、「盜官

〔註 1〕郭東旭：《〈宋刑統〉的制定及其變化》，《河北學刊》1991 年第 4 期，第 89 頁。另外參見漆俠主編：《遼宋西夏金代通史・典章制度卷》，人民出版社 2011 年，第 301 頁。

〔註 2〕戴建國：《〈宋刑統〉制定後的變化——兼論北宋中期以後〈宋刑統〉的法律地位》，《上海師範大學學報》1992 年第 4 期，第 47 頁。

私馬牛殺」、「盜不計贓而立罪名者」、「強盜竊盜」、「故燒人舍屋因盜財物」、「恐喝取人財物」。卷 20 設置了 5 門，分別是：「盜親屬財物」、「因盜殺傷人」、「貿易官物」、「略賣良賤」、「共盜並贓依首從法」。《天盛律令》「門」的設置，就是仿傚《宋刑統》，而且其中屬於盜竊法的內容同樣爲 13 門。

宋朝統治者十分重視對於盜竊罪的懲治，在宋朝建立之初，《宋刑統》頒佈之前，宋太祖就於建隆二年（981 年）二月「己丑，定《竊盜律》」。〔註3〕頒佈《竊盜律》時的詔書說：「禁民爲非，乃設法令，臨下以簡，必務哀矜。竊盜之生，本非巨蠹，近期之制，重於律文，非愛人之旨。自今竊盜贓滿五貫足陌者死。」〔註4〕《竊盜律》後被編入《宋刑統》，〔註5〕其具體內容是：

> 竊盜贓滿五貫文足陌，處死。不滿五貫文，決脊杖二十，配役三年。不滿三貫文，決脊杖二十，配役二年。不滿二貫文，決脊杖十八，配役一年。一貫文以下，量罪科決。其隨身並女僕偷盜本主財物，贓滿十貫文足陌，處死。不滿十貫文，決脊杖二十，配役三年；不滿七貫文決，脊杖二十，配役二年；不滿五貫文，決脊杖十八，配役一年；不滿三貫文，決臀杖二十；一貫文以下，量罪科決。如是伏事未滿二週年偷盜者，一準凡人斷遣。應配役人，並配逐處重役，不刺面，滿日疏放。其女口與免配役。所有贓錢，以一百文足陌爲陌。餘從前後格、敕處分。〔註6〕

對於區分竊盜的主從犯，也作出了詳細規定：

> 或聞外州斷獄，竊盜不分首從。爲準律云，假有十人共盜十匹，各得十匹之罪，謂之贓滿，盡處極刑。蓋是官吏不詳律意，枉陷人命，特與分別，免至錯誤。臣等參詳：請今後應犯竊盜，不計幾人同行，將逐人腳下贓物，都並爲一處，估至五貫文足陌者，頭首處死。其隨身並女僕偷盜本主財物，並估至十貫文足陌者，頭首處死；餘爲從坐。如贓錢各不滿者，並準敕條等第處分。〔註7〕

可見《宋刑統》對於一般竊盜與《唐律疏議》一樣也是計贓論罪，按照

〔註3〕《宋史》卷 1《太祖紀一》，中華書局 1977 年，第 8 頁。
〔註4〕《宋史》卷 199《刑法志一》，第 4967 頁。
〔註5〕與《宋史》記載不同的是，《宋刑統》將《竊盜律》的頒佈繫於建隆三年（982 年）二月，較《宋史》所記晚一年。
〔註6〕《宋刑統》卷 19《賊盜律》，第 345～346 頁。
〔註7〕《宋刑統》卷 19《賊盜律》，第 346 頁。

贓物多少，其罪行劃分爲 5 等：

1、1 貫以下，量罪科決；

2、1 貫至 2 貫，決脊杖十八，配役一年；

3、2 貫至 3 貫，決脊杖二十，配役二年；

4、3 貫至 5 貫，決脊杖二十，配役三年；

5、5 貫以上，處死。

這相對於《唐律疏議》中竊盜不處以死刑來說，明顯嚴苛得多。這可能與唐德宗李适建中年間之後（780 年之後）直至五代時期，對於竊盜犯罪懲處越來越嚴有關。「唐建中令：竊盜贓滿三匹者死。武宗時，竊盜贓滿千錢者死。宣宗立，乃罷之。漢乾祐以來，用法益峻，民盜一錢抵極法。周初，深懲其失，復遵建中之制。帝猶以其太重，嘗增爲錢三千，陌以八十爲限。」〔註8〕

由於宋初的《竊盜律》明顯嚴苛，之後不斷對其進行修訂。宋太宗雍熙二年（985 年），「令竊盜滿十貫者，奏裁；七貫，決杖、黥面、隸牢城；五貫，配役三年，三貫，二年，一貫，一年。它如舊制。」〔註9〕明顯減輕了刑罰，將對竊盜的死刑權收歸皇帝。在以後改訂並被編入《慶元條法事類》的《賊盜敕》中，大大減輕了對於竊盜的刑罰：

> 諸竊盜，得財杖六十，四百文杖七十，四百文加一等，二貫徒
> 一年，二貫加一等，過徒三年，三貫加一等，二十貫配本州。〔註10〕

取消了對於竊盜處以死刑，仍舊計贓論罪，最高 20 貫也只是配本州，這樣恢復了《唐律疏議》竊盜無死刑的規定。

西夏《天盛律令》對於竊盜（偷盜）有著更爲詳細的規定：

> 一偷盜已謀未往，造意十杖，從犯八杖。已往，物未入手，造
> 意十三杖，從犯十杖……三十緡以上，一律造意絞殺，從
> 犯徒十二年。〔註11〕

可見，西夏對於已發偷盜罪的量刑有 12 等，從 1 貫以上至 30 貫以上，主犯分別處以 3 個月徒刑直至死刑，從犯處以 13 杖直至 12 年徒刑。西夏對於偷盜罪的刑罰較宋朝前期要輕，死刑的起點 30 貫要遠遠高於宋朝的 5 貫。相較

〔註8〕 《宋史》卷 199《刑法志一》，第 4967 頁。

〔註9〕 《宋史》卷 199《刑法志一》，第 4970 頁。

〔註10〕 《慶元條法事類》卷 7，第 127 頁；又見同書卷 9，第 170 頁；卷 17，第 373 頁；卷 28，第 398 頁。

〔註11〕 史金波、聶鴻音、白濱譯注：《天盛改舊新定律令》，第 163 頁。

宋朝後期則要嚴苛得多。

宋朝對於強盜罪，與《唐律疏議》一樣也是從嚴懲處。頒佈於建隆三年（962 年）十二月後被收入《宋刑統》的敕書詳細規定：

> 今後應強盜計贓，錢滿三貫文足陌，皆處死。不滿三貫文，決脊杖二十，配役三年；不滿二貫文，決脊杖二十，配役二年。不滿一貫文，決脊杖二十，配役一年。其贓錢並足陌。不得財者，決脊杖二十，放。雖不得財，但傷人者，皆處死。其造意之人，行而不受分，或受分而不行，並與行者同罪；或不行又不收分者，減行者一等決配。其有同謀，行而不受分，或受分而不行，亦減行者一等決配；不行又不受分者，決脊杖十七，放。應同居骨肉內，有同情並知情；及持杖行劫，同行劫賊內有不持杖者，並准顯德五年七月七日敕條指揮。所有律條內，稱「以強盜論」及「並贓」，無首從，請並准律文處分。〔註12〕

對於持杖以及麻醉事主進行強盜的也有具體規定：

> 應持杖行劫，一准舊敕，不問有贓、無贓，並處死。除持杖行劫外，其餘強盜，謂以威若力而取其財，或先強後盜，先盜後強；若與人藥酒及食，使狂亂而取其財者，並名爲「強盜」，計贓處死，決配一准前敕處分，其劃牆賊，並同此強盜處斷。〔註13〕

可見，《宋刑統》將強盜罪的罪行劃分爲等：

1、未得贓物，決脊杖二十，釋放；

2、贓物價值在 1 貫以下，決脊杖二十，配役一年；

3、贓物價值在 1 貫至 2 貫之間，決脊杖二十，配役二年；

4、贓物價值在 2 貫至 3 貫之間，決脊杖二十，配役三年；

5、贓物價值在 3 貫及以上，處死。

此外，對於持械強盜者，不論是否獲得贓物，一律處死。對於麻醉事主搶劫財物的，也以「強盜」論處。

對於強盜法，宋朝也曾予以修訂，宋仁宗景祐二年（1035 年），「改強盜法。不持杖，不得財，徒二年；得財爲錢萬及傷人者，死。持杖而不得財，流三千里；得財爲錢五千者，死；傷人者，殊死。不持杖得財爲錢六千，若

〔註12〕《宋刑統》卷 19《賊盜律》，第 344 頁。

〔註13〕《宋刑統》卷 19《賊盜律》，第 344～345 頁。

持杖罪不至死者，仍刺隸二千里外牢城。」〔註 14〕對於未持械的強盜，贓物 10 貫以上或傷人處死；持械贓物 5 貫以上或傷人處死。這較《宋刑統》的規定緩和了許多。

西夏《天盛律令》將強盜也區分爲持械與不持械兩種情況分別判刑。

對於持械者處以 8 等刑罰：

1、已經謀劃但是未及實施，主謀處以三年徒刑，從犯二年；

2、強盜行爲已經實施，但未獲贓物，主犯四年徒刑，從犯三年；

3、獲得贓物價值在 4 貫以下，主犯五年徒刑，從犯四年；

4、獲得贓物價值在 4 貫至 8 貫，主犯六年徒刑，從犯五年；

5、獲得贓物價值在 8 貫至 12 貫，主犯八年徒刑，從犯六年；

6、獲得贓物價值在 12 貫至 16 貫，主犯十年徒刑，從犯八年；

7、獲得贓物價值在 16 貫至 19 貫 999 錢，主犯十二年徒刑，從犯十年；

8、獲得贓物價值在 20 貫以上，主犯絞殺，從犯十二年。

對於未持械者處以 9 等刑罰：

1、已經謀劃但是未及實施，主謀處以二年徒刑，從犯　年；

2、強盜行爲已經實施，但未獲贓物，主犯三年徒刑，從犯二年；

3、獲得贓物價值在 4 貫以下，主犯四年徒刑，從犯三年；

4、獲得贓物價值在 4 貫至 8 貫，主犯五年徒刑，從犯四年；

5、獲得贓物價值在 8 貫至 12 貫，主犯六年徒刑，從犯五年；

6、獲得贓物價值在 12 貫至 16 貫，主犯八年徒刑，從犯六年；

7、獲得贓物價值在 16 貫至 20 貫，主犯十年徒刑，從犯八年；

8、獲得贓物價值在 20 貫以上至於 24 貫 999 錢，主犯十二年徒刑，從犯十年；

9、獲得贓物價值在 25 貫以上，主犯絞殺，從犯十二年徒刑。〔註 15〕

西夏《天盛律令》制定於 1150 年，這晚於宋仁宗改「強盜法」115 年。宋朝對不持械與持械強盜死刑的刑罰起點分別是 10 貫與 5 貫，西夏則爲 25 貫與 20 貫，說明西夏對於強盜的刑罰遠遠輕於宋朝。

對於盜殺牛馬的犯罪行爲，《宋刑統》在《唐律疏議》的基礎上予以細化：

〔註 14〕 《宋史》卷 199《刑法志一》，第 4976 頁。

〔註 15〕 以上內容參見史金波、聶鴻音、白濱譯注：《天盛改舊新定律令》，第 162～163 頁。

今後應有盜官、私馬牛及雜畜而殺之，或因讎嫌憎嫉而潛行屠殺者，請並爲盜殺。如盜殺馬、牛，頭首處死；從者減一等。盜殺駝、騾、驢者，計生時價，估贓錢定罪，各准近敕處分。罪不至死者，加凡盜二等，加不至死。盜殺犬者，決臀杖十七，放。如有盜割牛鼻、盜斫牛脚者，首處死；從減一等。瘡合可用者，並減一等。如盜割盜斫至三頭者，雖瘡合可用，頭首不在減死之限。〔註16〕

對於盜殺馬、牛的首犯處以死刑，對於盜割牛鼻、盜斫牛脚的首犯也判處死刑。其主要原因是馬匹可用作軍馬，是重要的戰略物資，而牛是維持農業的重要生產資料，因此用嚴刑來予以保護。之後宋朝的《賊盜敕》中對於此項罪行的刑罰有所減輕：

諸盜殺官私馬、牛，流三千里，三頭匹者，雖會赦配臨州；累及者，不以赦前後準此。駝、騾、驢，徒二年。知盜情而買、殺者，各依殺己畜法。

諸盜殺犬者，杖八十。

諸馬鋪收得別鋪官馬隱藏過五日不申官者，計贓從盜法。即雖在限內而殺者，以盜殺論，配千里。〔註17〕

對於盜殺馬、牛的犯罪，不再處以死刑，最高也只是處以流刑。西夏對於盜殺馬、牛的刑罰，參見第三章，沒有處以死刑的情況，相對來說較宋朝爲輕。

對於官員監守自盜的犯罪，宋朝刑罰最高可處以死刑：

諸臨監主守自盜，及盜所監臨財物，罪至流，配本州，謂非除免者。三十五匹絞。〔註18〕

西夏則有明文規定對於監守自盜，其主要官員按照盜竊罪罪加二等，一般官員罪加一等，都不及死罪。〔註19〕

由於國情不同，宋朝還有一些盜竊犯罪以及針對這些犯罪的法規是西夏所沒有的。如宋朝普遍成批運送大宗官方貨物，每批以若干車或船爲一組，分若干組，一組稱一綱，整個運輸體系稱之爲綱運。宋朝專門針對綱運中的盜竊犯罪立有法規：

〔註16〕 《宋刑統》卷19《賊盜律》，第340～341頁。

〔註17〕 《慶元條法事類》卷79，第890頁。

〔註18〕 《慶元條法事類》卷7，第127頁；又見同書卷9，第170頁；卷17，第373頁；卷28，第398頁。

〔註19〕 史金波、聶鴻音、白濱譯注：《天盛改舊新定律令》，第163頁。

　　諸錢綱押綱人，部綱兵級本船艄公同。以私錢貿易所運錢，雖應計其等，依監主自盜法，罪至死者，減一等配千里。本舡軍人及和雇人犯者，亦以盜所運官物論。

　　諸以私錢貿易綱運所般錢監上供錢者，許人捕。〔註20〕

　　諸梢公盜本船所運官物者，依主守法，徒罪勒充牽駕，流罪配五百里。本船軍人及和雇人盜者，減一等，流罪，軍人配本州，和雇人不刺面配本城。……〔註21〕

〔註20〕《慶元條法事類》卷29，第424頁。
〔註21〕《慶元條法事類》卷29，第425頁。

第五章　西夏盜竊法與遼金盜竊法比較研究

第一節　西夏盜竊法與遼朝盜竊法比較研究

　　遼朝「以國制治契丹，以漢制待漢人。國制簡樸，漢制則沿名之風固存也。遼國官制，分南、北院。北面治宮帳、部族、屬國之政，南面治漢人州縣、租賦、軍馬之事。因俗而治，得其宜矣」〔註1〕。可見，「因俗而治」是遼朝統治者的基本治國思想，這一思想也體現在遼朝的法律制度上。「因俗而治」思想的產生有其客觀基礎，遼朝的疆域寬廣，境內民族、部族眾多，既有文化、經濟水平都很高的以漢族為主體的燕雲地區，也有境域遼闊，分佈眾多部族，生產力較為低下的上京道等地區。因此採取整齊劃一的統治方式來治理如此廣大的地區和眾多的民族顯然是不現實的，「因俗而治」的治國思想正是統治者面臨這種情況所採取的最佳選擇。

　　神冊六年（921年），在一系列對外戰爭之後，遼太祖「謂侍臣曰：『凡國家庶務，鉅細各殊，若憲度不明，則何以為治，群下亦何由知禁？』乃詔大臣定治契丹及諸夷之法，漢人則斷以《律令》，仍置鐘院以達民冤。至太宗時，治渤海人一依漢法，餘無改焉。」〔註2〕可見，遼代有兩套法律體系，一套是「治契丹及諸夷之法」，也就是在契丹人及少數民族中使用的法律，一套是在漢人、渤海人中使用的律令，也就是唐律。另外規定：「凡四姓相

〔註 1〕《遼史》卷 45《百官志一》，第 685 頁。
〔註 2〕《遼史》卷 61《刑法志上》，第 937 頁。

犯，皆用漢法。本類自相犯者，用本國法。」〔註3〕也就是各民族之間的違法、犯罪以及訴訟以律令來判決。但是，隨著時間的推移，契丹人的一些違反、犯罪行爲也以律令來判決。遼聖宗統和十二年（994年）七月，「庚午，詔契丹人犯十惡者依漢律。」〔註4〕

　　遼朝編修法典，應該起始於聖宗朝，聖宗親政後，「當時更定法令凡十數事，多合人心，其用刑又能詳慎。」〔註5〕後來的太平七年（1027年），遼聖宗「詔中外大臣曰：『《制條》中更有遺闕及輕重失中者，其條上之，議增改焉。』」〔註6〕《制條》應該就是在統和年間參照唐律修成的遼朝第一部法典。興宗重熙五年（1036年），編定、頒佈了新的法典《新定條例》，又稱《重熙條制》。「詔有司凡朝日執之，仍頒行諸道。蓋纂修太祖以來法令，參以古制。其刑有死、流、杖及三等之徒，而五，凡五百四十七條。」〔註7〕道宗咸雍六年（1070年），又對《重熙條制》進行刪修增補，編成《咸雍重定條例》789條，之後又多次增補。

　　遼朝的法典雖然今都已亡佚，但我們還是可以勾稽出一些包括盜竊法在內的各種法令條文。遼朝的統治者對於治盜十分重視，除了法典外，多次頒佈治盜的專門法令。遼聖宗統和十二年（994年），「行在多盜，阿沒里立禁捕法，盜始息。」〔註8〕統和二十四年（1006年），于越耶律屋質之子耶律唐古「述屋質安民治盜之法以進」。〔註9〕道宗清寧二年（1056年）六月，「乙酉，遣使分道平賦稅，繕戎器，勸農桑，禁盜賊。」〔註10〕

　　遼朝的盜竊罪按性質可分爲盜竊、強盜、盜官物、監守自盜、盜馬等罪名。

　　對於盜竊罪的量刑，遼朝也是分等量刑，直至死刑。遼聖宗開泰八年（1019年），「以竊盜贓滿十貫，爲首者處死，其法太重，故增至二十五貫，其首處死，從者決流。」〔註11〕咸雍六年（1070年），道宗在對《重熙條制》

〔註3〕　〔宋〕余靖：《武溪集》卷18《契丹官儀》，文淵閣四庫全書本。
〔註4〕　《遼史》卷13《聖宗紀四》，第145頁。
〔註5〕　《遼史》卷61《刑法志上》，第939頁。
〔註6〕　《遼史》卷61《刑法志上》，第940頁。
〔註7〕　《遼史》卷62《刑法志下》，第944頁。
〔註8〕　《遼史》卷99《耶律阿沒里傳》，第1275頁。
〔註9〕　《遼史》卷91《耶律唐古傳》，第1362頁。
〔註10〕　《遼史》卷21《道宗紀一》，第254頁。
〔註11〕　《遼史》卷61《刑法志上》，第939頁。

進行修訂時，認爲盜竊罪死刑量刑太重，「更竊盜贓二十五貫處死一條，增至五十貫處死。」〔註 12〕遼朝盜竊罪的死刑標準經歷了一個從重到輕的過程，從最早的主犯 10 貫處死到聖宗時的 25 貫，又到道宗時的 50 貫。西夏《天盛律令》則規定盜竊罪贓物 30 貫以上，主犯死刑。〔註 13〕兩相比較，遼朝後期對盜竊罪的刑罰要輕於西夏。

遼朝對於特殊情況下的盜竊罪，予以加重懲罰。專門規定了對盜竊失火場所 5 貫者處死，後來的興宗重熙元年（1032 年），又減輕爲 20 貫處死。〔註 14〕遼朝皇帝對於某些應處死的盜竊罪犯，還予以赦免。道宗大安四年（1088 年），「十一月庚申，興中府民張化法以父兄犯盜當死，請代，皆免。」〔註 15〕這當然是出於維護傳統「孝悌」之道的考慮。對於反覆盜竊的，也加重懲罰。聖宗時，那母古 13 次盜竊，聖宗認爲情不可恕，處以死刑。「因詔自今三犯竊盜者，黥額、徒二年；四則黥面、徒五年；至於五則處死。若是者，重輕適宜，足以示訓。」〔註 16〕興宗重熙二年（1033 年），「有司奏：『元年詔曰，犯重罪徒終身者，加以捶楚，而又黥面。是犯一罪而具三刑，宜免黥。其職事官及宰相、節度使世選之家子孫，犯姦罪至徒者，未審黥否？』上諭曰：『犯罪而悔過自新者，亦有可用之人，一黥其面，終身爲辱，朕甚憫焉。』後犯終身徒者，止刺頸。奴婢犯逃，若盜其主物，主無得擅黥其面，刺臂及頸者聽。犯竊盜者，初刺右臂，再刺左，三刺頸之右，四刺左，至於五則處死。」〔註 17〕可見，道宗對於在罪犯面額上刺字的刑罰認爲過於嚴苛，針對盜竊犯，按照所犯次數，依次刺於右、左臂及脖子右、左側，五次仍處以死刑。

西夏對於屢次盜竊的罪犯也有具體的懲處手段，盜竊法中專門有《重盜門》，該門下只有一條法規：

> 一諸人前因盜已作判斷，短期勞役日滿，以及解除長期徒刑勞役等而重盜者，當按新罪判斷。短期徒刑日未滿重盜時，除死罪以外，短期徒刑未完日期及新罪刑期共相比較，視罪狀高低，以其重者判斷。輕罪者當入重罪，罪相等者當依次加一等，可至無期徒刑、

〔註 12〕《遼史》卷 62《刑法志下》，第 945 頁。
〔註 13〕史金波、聶鴻音、白濱譯注：《天盛改舊新定律令》，第 163 頁。
〔註 14〕《遼史》卷 62《刑法志下》，第 943 頁。
〔註 15〕《遼史》卷 25《道宗紀五》，第 297 頁。
〔註 16〕《遼史》卷 61《刑法志上》，第 939～940 頁。
〔註 17〕《遼史》卷 62《刑法志下》，第 943～944 頁。

長期徒刑。往時，依黥、杖法則辦。無期徒刑中重盜者，新罪犯杖
罪，則當依杖法承擔，依舊處理。犯一個月勞役以上罪則不論大小，
當絞殺。〔註18〕

西夏對於反覆盜竊的罪犯，也是加重刑期，而且也有黥、杖的附加刑，
這與遼朝是一致的。

對於盜竊官物的，遼朝處以籍沒之刑，也就是沒收罪犯家產。這在遼朝
前期和晚期都有其例。遼太宗會同二年（939 年）五月乙巳，「思奴古多里
等坐盜官物，籍其家。」〔註 19〕遼朝末代皇帝天祚帝第二子耶律雅里爲人
寬厚善良，「初，令群牧運鹽濼倉粟，而民盜之，議籍以償。雅里乃自爲直：
每粟一車，償一羊；三車一牛；五車一馬；八車一駝。左右曰 ：『今一羊易
粟二斗且不可得，乃償一車！』雅里曰：『民有則我有。若令盡償，民何堪？』」
〔註 20〕對於盜竊官粟的百姓，耶律雅里非但沒有籍沒其家，而且制定的賠
償標準也大大低於粟的市價。對於官員監守自盜的行爲，遼興宗重熙十年
（1041 年）七月壬戌，「詔諸職官私取官物者，以正盜論」〔註21〕《遼史》
各志多爲抄撮本紀、列傳中的相關記載而成，因此《遼史‧刑法志》也有相
同的記載：「後詔諸職官私取官物者，以正盜論。」〔註22〕可見，對於監守
自盜的官員，處以與盜竊罪一樣的刑罰。道宗清寧四年（1058 年），「秋七
月辛巳，制諸掌內藏庫官盜兩貫以上者，許奴婢告。」〔註23〕

對於官員監守自盜官物的，西夏也有明文規定其主要官員按照盜竊罪罪
加二等，一般官員罪加一等，都不及死罪。〔註 24〕這在徒刑上較遼朝的刑罰
嚴苛，但卻免除了死罪，又較遼朝寬鬆。

對於伴有暴力行爲的強盜罪，歷來統治者都予以嚴懲，遼朝對其一律處
死。遼聖宗統和年間，「敵八哥始竊薊州王令謙家財，及覺，以刃刺令謙，
幸不死。有司擬以盜論，止加杖罪。」〔註 25〕敵八哥在盜竊時持刀傷人，
顯然不是一般的盜竊罪，而應判爲強盜罪。因此，聖宗對於判決結果不滿，

〔註18〕史金波、聶鴻音、白濱譯注：《天盛改舊新定律令》，第 170 頁。
〔註19〕《遼史》卷 4《太宗紀下》，第 46 頁。
〔註20〕《遼史》卷 30《天祚皇帝紀四》，第 354 頁。
〔註21〕《遼史》卷 19《興宗紀二》，第 226 頁。
〔註22〕《遼史》卷 62《刑法志下》，第 944 頁。
〔註23〕《遼史》卷 21《道宗紀一》，第 256 頁。
〔註24〕史金波、聶鴻音、白濱譯注：《天盛改舊新定律令》，第 163 頁。
〔註25〕《遼史》卷 61《刑法志上》，第 939～940 頁。

而下令以強盜罪處死了罪犯。遼興宗時，張儉任中書令。「有司獲盜八人，既戮之，乃獲正賊。家人訴冤，儉三乞申理。上勃然曰：『卿欲朕償命耶！』儉曰：『八家老稚無告，少加存恤，使得收葬，足慰存沒矣。』乃從之。」〔註 26〕姑且無論罪犯無辜與否，一次判處八名盜賊死刑，顯然是以強盜罪之名執行的。遼道宗時，對於能確實判定屬於強盜的，還給予各地官員以死刑執行權，而無須上報朝廷。清寧二年（1056 年）六月，「丙子，詔強盜得實者，聽諸路決之。」〔註 27〕《遼史·刑法志》對此也有記載：「命諸郡長吏如諸部例，與僚同決罪囚，無致枉死獄中。下詔曰：『先時諸路死刑皆待決於朝，故獄訟留滯；自今凡強盜得實者，聽即決之。』」〔註 28〕當然，從維護封建統治綱常秩序出發，如同前述的興中府民張化法案件一樣，對一些特殊的強盜案，也予以減輕處罰。重熙十八年（1049 年）十二月，「己卯，錄囚。有弟從兄為強盜者，兄弟俱無子，特原其弟。」〔註 29〕《遼史·刑法志》對此也有記載：「又有兄弟犯強盜當死，以弟從兄，且俱無子，特原其弟。」〔註 30〕

西夏的刑罰中，對於強盜罪，不像遼朝那樣嚴苛，一概處死。而是等級量刑，對強盜持有武器贓額 20 貫以上的，主犯處以死刑。未持武器贓額 25 貫以上的，主犯處以死刑。〔註 31〕

對於盜馬，漢朝就施以嚴刑酷法。所謂「故盜馬者死，盜牛者加，所以重本而絕輕疾之資也」〔註 32〕。對此，唐律中則有專門的規定：「諸盜官私馬牛而殺者，徒二年半。」〔註 33〕可見，唐朝對於盜馬罪的處罰較輕。唐朝設有群牧使之職，負責管理官營牧場。其後歷朝都沿襲了此項制度，宋、西夏都設有群牧司，遼、金都設有群牧所，其長官都為群牧使，負責官營畜牧業，為官府提供馬匹。由於馬匹為重要的軍事物資，因而盜竊官馬在遼、金都成為嚴重的罪行，要被處以死刑。

〔註 26〕 《遼史》卷 100《張儉傳》，第 1278 頁。
〔註 27〕 《遼史》卷 21《道宗紀一》，第 254 頁。
〔註 28〕 《遼史》卷 62《刑法志下》，第 945 頁。
〔註 29〕 《遼史》卷 20《興宗紀三》，第 240 頁。
〔註 30〕 《遼史》卷 62《刑法志下》，第 943 頁。
〔註 31〕 史金波、聶鴻音、白濱譯注：《天盛改舊新定律令》，第 162～163 頁。
〔註 32〕 〔西漢〕桓寬著，王利器校注：《鹽鐵論校注（定本）》卷 10《刑德第五十五》，中華書局 1992 年版，第 566 頁。
〔註 33〕 《唐律疏議》卷 19《賊盜》，第 1373 頁。

遼興宗時，「時有群牧人竊易官印以馬與人者，法當死，帝曰：『一馬殺二人，不亦甚乎？』減死論。」〔註34〕這件事應該是群牧的牧人將官馬的烙印去除，送與別人，兩人都因此罪當死。在興宗的干預下，兩人得以免死。可能就是受此事影響，重熙十一年（1042年）「秋七月壬寅朔，詔盜易官馬者減死論。」〔註35〕此後，盜竊官馬的才不被處以死刑。遼道宗時，賈師訓任恩州（今內蒙古喀喇沁旗西橋鎮）軍事判官。「既至，有以盜馬□□人者，人不之知。後爲其主執，逆官辯驗，事連假主，假主懼不服。公乃潛捕其家牧兒，詰問得實，引質之，始伏其罪。」〔註36〕這件事的經過是盜馬者將馬匹賣或送給第三者，第三者不知實情，後來被馬主扭送官府，第三者供出盜馬者，盜馬者不敢承認。賈師訓暗中派人捉住盜馬者家中的牧童，當面對質，盜馬者才認罪。從此事可以看出，「假主懼不服」的一個很重要原因應該是遼朝對盜馬者的嚴刑峻法。

金朝對於盜竊官馬，同樣以死刑判處。金世宗大定八年（1168年）七月甲子，「制盜群牧馬者死，告者給錢三百貫。」〔註37〕金世宗此舉很可能不單是出於法律上的考量，一個更主要的原因是金朝的群牧所中以契丹族牧民爲其主要成員，而在海陵王末期到世宗即位前期爆發了一場金代歷史上規模最大的契丹人起義，其主體就是群牧所中的契丹族牧民。金世宗制定盜群牧馬者死罪，其目的主要是爲了防範契丹族牧民私自掌握馬匹而再次發動起義。

相對於遼、金對於盜馬罪的嚴酷懲處，如前文所述，西夏的法典則相對較爲寬鬆。

第二節　西夏盜竊法與金朝盜竊法比較研究

滅亡遼朝而與西夏、南宋成鼎立之勢的金朝同樣爲少數民族所建立，對於漢族傳統文化也不斷汲汲吸取。在制定法律制度，創修法典方面，也是同樣如此。「金初，法制簡易，無輕重貴賤之別，刑、贖並行，此可施諸新國，非經世久遠之規也。天會以來，漸從吏議，皇統頒制，兼用古律。厥後，正隆又有

〔註34〕　《遼史》卷62《刑法志下》，第943頁。
〔註35〕　《遼史》卷19《興宗紀二》，第227頁。
〔註36〕　《賈師訓墓誌》，向南編：《遼代石刻文編》，河北教育出版社1995年版，第477頁。
〔註37〕　《金史》卷6《世宗紀上》，第142頁。

《續降制書》。大定有《權宜條理》，有《重修制條》。明昌之世，《律義》、《敕條》並修，品式當浸備。既而《泰和律義》成書，宜無遺憾。」〔註38〕金朝在參考《唐律疏議》的基礎上，結合本朝的實際情況，自熙宗朝開始，連續四個皇帝（即熙宗、海陵王、世宗、章宗）制定了《皇統制》、《正隆續降制書》、《大定軍前權宜條理》、《後續行條埋》、《大定重修制條》、《明昌律義》、《敕條》、《泰和律令敕條格式》等八部法典，其中《敕條》是對《明昌律義》的補充，兩者都是爲修訂《泰和律令》而進行的準備工作，並未正式頒行。〔註39〕八部法典中以《泰和律令敕條格式》（即《泰和律令》）對後世影響最大。

《泰和律令》於金章宗泰和元年（1201 年）十二月修成，二年（1202年）五月頒行，它由四部分組成，即《泰和律義》三十卷、《律令》二十卷、《新定敕條》三卷、《六部格式》三十卷，其主體部分是《泰和律義》二十卷。《泰和律義》「凡十有二篇：一曰《名例》，二曰《衛禁》，三曰《職制》，四曰《戶婚》五曰《廄庫》，六曰《擅興》，七曰《賊盜》，八曰《鬥訟》，九曰《詐僞》，十曰《雜律》，十一曰《捕亡》，十二曰《斷獄》。實《唐律》也，但加贖銅皆倍之，增徒至四年、五年爲七，削不宜於時者四十七條，增時用之制百四十九條，因而略有所損益者二百八十有二條，餘百二十六條皆從其舊。又加以分其一爲二、分其一爲四者六條，凡五百六十三條，爲三十卷，附注以明其事，疏義以釋其疑。」〔註40〕可見，《泰和律義》基本上是參照《唐律疏議》制定的，因此雖然泰和律久已亡佚，有些學者還是參照《唐律疏議》及元代法典對其進行了復原，代表作有葉潛昭的《金律之研究》，他復原的賊盜律第 11 至 20 條都是有關盜竊法的。〔註41〕

在金朝建立之前，女眞族的習慣法中就將盜竊視爲嚴重罪行。「法令嚴，殺人、取民錢重者死。其它罪無輕重悉決柳條，笞背不杖臀，恐妨騎馬。罪及重者，鞭以沙袋。」〔註42〕對於小的盜竊行爲，「若遇盜竊雞豚狗馬者，以桎梏拘械，用柳條笞撻外，賠償七倍。」〔註43〕在金太祖完顏阿骨打之兄完

〔註38〕　《金史》卷 45《刑志》，第 1013 頁。

〔註39〕　參見曾代偉：《金律研究》，〔臺灣〕五南圖書出版公司 1995 年版，第 24～27 頁。

〔註40〕　《金史》卷 45《刑志》，第 1024 頁。

〔註41〕　葉潛昭：《金律之研究》，臺灣商務印書館 1972 年版，第 123～136 頁。

〔註42〕　〔宋〕徐夢莘：《三朝北盟會編》卷 3，上海古籍出版社 1985 年版，第 19 頁。

〔註43〕　〔宋〕徐夢莘：《三朝北盟會編》卷 3 引《神麓記》，第 127 頁。

顏烏雅束擔任都勃極烈（部落首領）的第七年（遼乾統九年，1109 年），「歲不登，民多流莩，強者轉而爲盜。歡都等欲重其法，爲盜者皆殺之。太祖曰：『以財殺人，不可！財者，人所致也。』遂減盜賊徵償法爲徵三倍。」〔註44〕可見，女眞族的傳統中，一直對盜竊罪處以嚴刑峻法。

金朝建立後，在完備的法典頒行之前，對於盜竊，予以單獨立法。金太宗天會七年（1129 年），「詔凡竊盜，但得物徒三年，十貫以上徒五年，刺字充下軍，三十貫以上終身，仍以贓滿盡命刺字於面，五十貫以上死，徵償如舊制。」〔註45〕「徵償如舊制」很可能是前述的「徵三倍」，也就是賠償三倍的財產。金世宗大定十五年（1175 年），「詔有司曰：『朕惟人命至重，而在制竊盜贓至五十貫者處死，自今可令至八十貫者處死。』」〔註46〕也就是減輕了盜竊罪的刑罰力度。

《天盛律令》中對偷盜罪的判處有著詳細的規定：

> 一偷盜已謀未往，造意十杖，從犯八杖。已往，物未入手，造意十三杖，從犯十杖。物已入手，則一緡以下，造意徒三個月，從犯十三杖。一緡以上至三緡，造意徒六個月，從犯徒三個月，三緡以上至六緡，造意徒一年，從犯徒六個月。六緡以上至九緡，造意徒二年，從犯徒一年。九緡以上至十二緡，造意徒三年，從犯徒二年。十二緡以上至十五緡，造意徒四年，從犯徒三年。十五緡以上至十八緡，造意徒五年，從犯徒四年。十八緡以上至二十一緡，造意徒六年，從犯徒五年。二十一緡以上至二十四緡，造意徒八年，從犯徒六年。二十四緡以上至二十八緡，造意徒十年，從犯徒八年。二十八緡以上至二十九緡九百九十九錢，造意徒十二年，從犯徒十年。三十緡以上，一律造意絞殺，從犯徒十二年。〔註47〕

《天盛律令》制定於1150 年，處於金太宗制定盜竊法與金世宗修改盜竊法之間。兩者比較，可以看出西夏對於盜竊罪的刑罰更爲詳細、具體，量刑尺度與金朝也不相同。西夏對於盜竊行爲的已謀未往、已往物未入手、物已

〔註44〕《金史》卷2《太祖紀》，第 22 頁。
〔註45〕《金史》卷 45《刑志》，第 1014～1015 頁。
〔註46〕《金史》卷 45《刑志》，第 1017 頁。
〔註47〕史金波、聶鴻音、白濱譯注：《天盛改舊新定律令》，第 163 頁。

入手，主犯、從犯以及贓物多少處以不同刑罰都有具體的規定。金朝對盜竊罪的懲處都是基於「得物」基礎上，就是案件已發，對於「已謀未往」的情況則未予規定。

金朝對盜竊罪的量刑有 4 等，即：

1、得物至 10 貫，判徒刑 3 年；

2、10 貫至 30 貫，徒刑 5 年，刺字充下軍；

3、30 貫至 50 貫，無期徒刑，刺字於面；

4、50 貫以上（世宗時改為 80 貫以上），死刑。

西夏對已發盜竊罪的量刑有 12 等，即：

1、1 貫以下，主犯徒刑 3 個月，從犯十三杖；

2、1 貫至 3 貫，主犯徒刑 6 個月，從犯 3 個月；

3、3 貫至 6 貫，主犯徒刑 1 年，從犯 6 個月；

4、6 貫至 9 貫，主犯徒刑 2 年，從犯 1 年；

5、9 貫至 12 貫，主犯徒刑 3 年，從犯 2 年；

6、12 貫至 15 貫，主犯徒刑 4 年，從犯 3 年；

7、15 貫至 18 貫，主犯徒刑 5 年，從犯 4 年；

8、18 貫至 21 貫，主犯徒刑 6 年，從犯 5 年；

9、21 貫至 24 貫，主犯徒刑 8 年，從犯 6 年；

10、24 貫至 28 貫，主犯徒刑 10 年，從犯 8 年；

11、28 貫至 30 貫，主犯徒刑 12 年，從犯 10 年；

12、30 貫以上，主犯死刑，從犯 12 年。

可見，西夏對於已發盜竊罪的刑罰等級遠遠多於金朝，金朝盜竊罪刑罰起點低於西夏，只要是有贓物即判處 3 年徒刑，而西夏則對贓物 1 貫以下的處以主犯徒刑 3 個月，從犯十三杖。西夏對於盜竊罪的刑罰沒有無期徒刑，金朝則有。西夏對盜竊罪死刑起點則低於金朝，為 30 貫，而金朝前期為 50 貫，後改為 80 貫。西夏對於未發的盜竊案也予以杖責的懲處，而金朝對此沒有規定。綜合考察，很難說在對盜竊罪的量刑方面，金朝和西夏誰更嚴苛，但是二者在最高量刑方面，都有死刑，這確實比宋朝嚴苛。

金朝對於侵犯統治者利益的盜竊活動加重刑罰，尤其是盜竊宮中之物，則處以死刑。海陵王完顏亮的身邊侍從藥師奴曾經盜竊玉帶，本應當處死，

「海陵釋其罪，逐去。」〔註48〕金章宗的父親，死後被追尊爲顯宗的完顏允恭，「天性仁厚，不忍刑殺。梁檀兒盜金銀葉，憐其母老，李福興盜段匹，值坤厚陵禮成，家令本把盜銀器，值萬春節，皆委曲全活之。亡失物者，責其償而不加罪」。〔註49〕以上諸人都應該是完顏允恭身邊的人，所盜的金銀葉、段匹、銀器自然應該是宮中物。坤厚陵是顯宗母親、世宗明德皇后的陵墓，萬春節是金世宗的生日。盜賊梁檀兒、李福興、本把等人都應處死，但是宅心仁厚的顯宗卻因憐憫梁檀兒母親年老，無人奉養，李福興、本把執行死刑時正值坤厚陵落成和萬春節，於是將三人都予以赦免，不處以死刑。

不但盜竊宮中物要處以死刑，盜竊其它官物時，有時也被類推爲盜竊宮中物，而被處以死刑。大定十年（1170年）十一月辛巳，「制盜太廟物者與盜宮中物同。」〔註50〕完顏亮在宮廷政治鬥爭中誅殺了太宗之子完顏宗本之後，派太府監完顏馮六超查抄宗本之家。曾告誡他說：「珠玉金帛入於官，什器吾將分賜諸臣。」〔註51〕但是完顏馮六對「什器」也就是雜物沒有象貴重物品那樣精心看護，也沒有登記造冊，往往被人拿走，馮六的家童也取走了檀木屏風。之後有人誘使馮六的家奴告發盜竊屏風之事，「馮六自陳於尙書省。海陵使御史大夫趙資福、大理少卿許竑雜治。資福等奏馮六非自盜，又嘗自首。海陵素惡馮六與宗室遊從，謂宰臣曰：『馮六嘗用所盜物，其自首不及此。法，盜宮中物者死，諸物已籍入官，與宮中物何異。』謂馮六曰：『太府掌宮中財賄，汝當防制奸欺，而自用盜物。』於是，馮六棄市，資福、竑坐鞫獄不盡，決杖有差。」〔註52〕

西夏對於盜竊宮中物也有法律規定：

> 一于禁內盜竊者，比在外盜竊官物，其它人及大小官庫事等，
>
> 加不加罪，依各各之罪狀，當分別一次加一等，所加數亦
>
> 可及於死罪。〔註53〕

雖然西夏盜竊宮中物最高也可判處死刑，但是其刑罰原則還是量刑定罪，只比盜竊官物罪加一等，而不像金朝那樣一概處死，這比金朝要寬鬆得

〔註48〕《金史》卷63《后妃傳上》，第1511頁。
〔註49〕《金史》卷19《世紀補》，第416頁。
〔註50〕《金史》卷6《世宗紀上》，第147頁。
〔註51〕《金史》卷76《太宗諸子傳》，第1733頁。
〔註52〕《金史》卷76《太宗諸子傳》，第1734頁。
〔註53〕史金波、聶鴻音、白濱譯注：《天盛改舊新定律令》，第164頁。

多。

對於官員監守自盜官物的,《天盛律令》也有明文規定:

> 一除禁內以外,其它官畜、穀、物管屬處大小局分於自己所管
> 官物中,自己拿取、賣、用、分、盜、持時,與非局分他
> 人盜竊之罪狀比,大人、承旨、主管等加二等,其以下局
> 分等當加一等,所加勿及死罪。〔註54〕

監守自盜的主要官員比普通盜竊犯罪加二等,一般官員則罪加一等,最高刑罰也不到死罪,這較平民為輕。金朝則不然,雖然沒有明文規定,可能對於監守自盜者按普通盜竊罪懲處。但是在案件的審訊過程中,往往施以嚴刑,有的疑犯當時就死於非命。不死的,也往往誣服。大定七年(1167年),「左藏庫夜有盜殺都監郭良臣盜金珠,求盜不得。命點檢司治之,執其可疑者八人鞫之,掠三人死,五人誣伏。上疑之,命同知大興府事移剌道雜治。既而親軍百夫長阿思缽鬻金於市,事覺,伏誅。」〔註55〕左藏庫可以說是國庫,對於地方官庫的被盜也同樣有嚴酷刑訊的過程。張昉正大元年(1224年)任嵩州(今河南省嵩縣)同知時,「盜入軍資庫,而無跡可尋。官繫主者獄凡十餘人,不住訊掠,皆自誣服。君時以檄出,及還,繫者稱屈。君諦審知其冤,即縱遣之。不數月,諸黥卒以贓敗,郡人以為神明。」〔註56〕從監守自盜的盜竊罪來看,金朝的刑罰也較西夏嚴苛。

對於強盜也就是盜竊過程中有暴力行為的犯罪,歷來為各朝統治者所嚴厲打擊,西夏、金朝也不例外,但是量刑標準也不一樣。

宋人在介紹《皇統新律》時說「惟僧尼犯奸及強盜,不論得財不得財,並處死,與古制異矣,大概國法嚴酷。」〔註57〕金代地方官在實際執法過程中也往往以強盜為名,苛以用法。世宗時,王翛任同知咸平府(今遼寧省開原市),暫時主持府事。「時遼東路多世襲猛安、謀克居焉,其人皆女直功臣子,驕亢奢縱不法。公思有治之,會郡民負一世襲猛安者錢,貧不能償,猛安者大怒,率家僮輩強入其家,牽其牛以去,民因訴於官。公得其情,令一

〔註54〕 史金波、聶鴻音、白濱譯注:《天盛改舊新定律令》,第163頁。
〔註55〕 《金史》卷45《刑志》,第1015頁。
〔註56〕 〔金〕元好問:《御史張君墓表》,〔清〕張金吾編:《金文最》,中華書局1990年版,第1414頁。
〔註57〕 舊題〔宋〕宇文懋昭撰、崔文印校證:《大金國志校證》卷12《熙宗孝成皇帝四》,中華書局2011年版,第174頁。

吏呼猛安者，其猛安者盛陳騎從以來，公朝服，召至聽事前，詰其事，趨左右械繫之，乃以強盜論，杖殺於市，一路悚然。」〔註58〕雖然王翛以強盜罪為名處死的是女眞族不法貴族，但仍難免有酷吏之嫌。也是世宗時，黃久約任曹州（今山東省菏澤市）軍事判官，「有盜竊民財，訴者以為強，郡守欲傅以重辟。久約閱實，囚得免死。累擢禮部員外郎，兼翰林修撰，升待制，授磁州刺史。磁並山，素多盜，既獲而款伏者，審錄官或不時至，繫者多以杖殺，或死獄中。久約惻然曰：『民雖為盜，而不死於法可乎？』乃盡請讞之而後行。」〔註59〕黃久約可謂良吏，使曹州民洗脫了強盜罪名，免於死刑。磁州（今河北省磁縣）的盜賊也得到了相應的法律懲處。還有的地方官對於盜賊，則不分情節輕重，一律處死。趙秉文在衛紹王大安二年（1210 年）擔任平定州（今山西省平定縣）刺史，其前任「苛於用刑，盜賊無大小，皆梏殺之。聞赦將至，先梏賊死乃拜赦，而盜賊愈繁。」〔註60〕

綜上所述，金朝對強盜的刑罰確實是嚴酷的，也使得很多人冤死於強盜罪名。西夏對於強盜罪，分為是否持有武器兩種情況，有著詳細的規定：

> 一等同謀持武器而盜者，已謀未往，則造意徒三年，從犯徒二年。已往，物未入手，造意徒四年，從犯徒三年。物已入手，則四緡以下，造意徒五年，從犯徒四年。四緡以上至八緡，造意徒六年，從犯徒五年。八緡以上至十二緡，造意徒八年，從犯徒六年。十二緡以上至十六緡，造意徒十年，從犯徒八年。十六緡以上至十九緡九百九十九錢，造意徒十二年，從犯徒十年。二十緡以上，一律造意絞殺，從犯徒十二年。

> 一等不持武器，已謀未往，造意徒二年，從犯一年。已往，物未入手，造意徒三年，從犯徒二年。物已入手，則四緡以下，造意徒四年，從犯徒三年。四緡以上至八緡，造意徒五年，從犯徒四年。八緡以上至十二緡，造意徒六年，從犯徒五年。十二緡以上至十六緡，造意徒八年，從犯徒六

〔註58〕〔金〕劉祁：《歸潛志》卷 8，中華書局 1983 年版，第 82 頁。

〔註59〕《金史》卷 96《黃久約傳》，第 2123 頁。

〔註60〕〔金〕元好問：《翰林學士承旨資善大夫知制誥兼同修國史上護軍天水郡開國侯食邑一千户實封一百户趙公墓誌銘》，〔清〕張金吾編：《金文最》，第 1353 頁。

年。十六緡以上至二十緡，造意徒十年，從犯徒八年。二
十緡以上至二十四緡九百九十九錢，造意徒十二年，從犯
徒十年。二十五緡以上一律絞殺，從犯徒十二年。〔註61〕

可見，西夏對於強盜罪，也是等級量刑。持有武器盜竊 20 貫以上的，主
犯處以死刑；未持武器盜竊 25 貫以上的，主犯處以死刑。對於強盜罪的刑罰，
金朝也遠較西夏嚴苛。

對於抓獲盜賊的獎賞，金朝也屢次制定了法令。天德四年（1152 年）正
月戊戌，「立捕盜賞格。」〔註62〕大定二十三年（1183 年）正月庚午，「詔有
司但獲強盜，跡狀既明，賞隨給之，勿得更待。」〔註63〕明昌三年（1192 年）
三月乙亥，「更定強盜徵贓、品官及諸人親獲強盜官賞制。」〔註64〕明昌五年
（1194 年）九月壬戌，「命增定捕盜官被殺賻錢及官賞格。」〔註65〕西夏《天
盛律令》第三「追趕捕舉告盜賞門」〔註66〕也專門規定了對於抓獲盜賊者的
獎賞。

金朝制定盜竊法令一覽表

時　　間	法　令　內　容	史　料　出　處
天會七年（1129 年）	詔凡竊盜，但得物徒三年，十貫以上徒五年，刺字充下軍，三十貫以上終身，仍以贓滿盡命刺字於面，五十貫以上死，徵償如舊制。	《金史》卷 45《刑志》
天德四年（1152 年）正月戊戌	立捕盜賞格。	《金史》卷 5《海陵王紀》
大定八年（1168 年）七月甲子	制盜群牧馬者死，告者給錢三百貫。	《金史》卷 6《世宗紀上》
大定十年（1170 年）十一月辛巳	制盜太廟物者與盜宮中物同。	《金史》卷 6《世宗紀上》
大定十三年（1173 年）四月辛巳	更定盜宗廟祭物法。	《金史》卷 7《世宗紀中》

〔註61〕 史金波、聶鴻音、白濱譯注：《天盛改舊新定律令》，第 162～163 頁。

〔註62〕 《金史》卷 5《海陵王紀》，第 98 頁。

〔註63〕 《金史》卷 8《世宗紀下》，第 183 頁。

〔註64〕 《金史》卷 9《章宗紀一》，第 220 頁。

〔註65〕 《金史》卷 10《章宗紀二》，第 233 頁。

〔註66〕 史金波、聶鴻音、白濱譯注：《天盛改舊新定律令》，第 178 頁。

大定十五年（1175 年）	詔有司曰：『朕惟人命至重，而在制竊盜贓至五十貫者處死，自今可令至八十貫者處死。』	《金史》卷 45《刑志》
大定二十年（1180 年）	上見有蹂踐禾稼者，謂宰相曰：「今後有踐民田者杖六十，盜人谷者杖八十，並償其直。」	《金史》卷 45《刑志》
大定二十三年（1183 年）正月庚午	詔有司但獲強盜，跡狀既明，賞隨給之，勿得更待。	《金史》卷 8《世宗紀下》
大定二十九年（1189）九月甲子	制諸盜賊聚集至十人，或騎五人以上，所屬移捕盜官捕之，仍遞言省部，三十人以上聞奏，違者杖百。	《金史》卷 9《章宗紀一》
明昌二年（1191 年）十二月己卯	定鎮邊守將致盜賊罪。	《金史》卷 9《章宗紀一》
明昌三年（1192 年）三月乙亥	更定強盜徵贓、品官及諸人親獲強盜官賞制。	《金史》卷 9《章宗紀一》
明昌五年（1194 年）九月壬戌	命增定捕盜官被殺賻錢及官賞格。	《金史》卷 10《章宗紀二》
承安三年（1197 年）三月丁巳	敕隨處盜賊，毋以強爲竊，以多爲少，以有爲無。嘯聚三十人以上奏聞。違者杖百。	《金史》卷 11《章宗紀三》
泰和元年（1200 年）十二月丁酉	司空襄等進《新定律令敕條格式》五十二卷，辛丑，詔頒行之。	《金史》卷 12《章宗紀四》
泰和三年（1202 年）九月壬辰	詔定千戶謀克受隨處捕盜官公移，盜急，不即以眾應之者罪有差。	《金史》卷 12《章宗紀四》
泰和四年（1203 年）七月丁卯	定申報盜賊制。	《金史》卷 12《章宗紀四》
泰和五年（1204 年）二月甲寅	制盜用及僞造都門契者罪，視宮城門減一等。	《金史》卷 12《章宗紀四》
泰和八年（1207 年）十月癸未	更定安泊強竊盜罪格。	《金史》卷 12《章宗紀四》

參考文獻

（以作者姓名拼音爲序）

一、古籍文獻

1. 戴建國點校：《慶元條法事類》，《中國珍稀法律典籍續編》本，黑龍江人民出版社 2002 年。

2. 〔西夏〕骨勒茂才編，黃建華、聶鴻音、史金波整理：《番漢合時掌中珠》，寧夏人民出版社 1989 年。

3. 〔西漢〕桓寬著，王利器校注：《鹽鐵論校注》（定本），中華書局 1992 年。

4. 《唐律疏議》，劉俊文《唐律疏議箋解》本，中華書局 1996 年。

5. 劉俊文點校：《唐律疏議》，法律出版社 1999 年。

6. 史金波、魏同賢、克恰諾夫主編：《俄藏黑水城文獻》第 9 冊，上海古籍出版社 1999 年。

7. 史金波、聶鴻音、白濱譯注：《天盛改舊新定律令》，法律出版社 2000 年。

8. 〔元〕脫脫等撰：《宋史》，中華書局 1977 年。

9. 〔元〕脫脫等撰：《遼史》，中華書局 1975 年。

10. 〔元〕脫脫等撰：《金史》，中華書局 1976 年。

11. 〔清〕吳廣成撰，龔世俊等校證：《西夏書事校證》，甘肅文化出版社 1995 年。

12. 向南編：《遼代石刻文編》，河北教育出版社 1995 年。

13. 薛梅卿點校：《宋刑統》，法律出版社 1999 年。

14. 〔宋〕徐夢莘：《三朝北盟會編》，上海古籍出版社 1985 年。

15. 舊題〔宋〕宇文懋昭撰、崔文印校證：《大金國志校證》，中華書局 2011 年。

16.〔清〕張金吾編:《金文最》,中華書局 1990 年。

二、著 作

1. 陳永勝:《西夏法律制度研究》,民族出版社 2006 年。
2. 杜建錄:《〈天盛律令〉與西夏法律制度研究》,寧夏人民出版社 2005 年。
3. 杜建錄、史金波:《西夏社會文書研究》(增訂本),上海古籍出版社 2012 年。
4. 姜歆:《西夏法律制度研究——〈天盛改舊新定律令〉初探》,蘭州大學出版社 2005 年。
5. 聶鴻音:《西夏文獻論稿》,上海古籍出版社 2012 年。
6. 史金波:《西夏社會》,上海人民出版社 2007 年。
7. 史金波:《史金波文集》,上海辭書出版社 2005 年。
8. 漆俠主編:《遼宋西夏金代通史》,人民出版社 2011 年。
9. 王天順主編:《西夏天盛律令研究》,甘肅文化出版社 1998 年。
10. 薛梅卿:《宋刑統研究》,法律出版社 1997 年。
11. 楊積堂:《法典中的西夏文化:西夏〈天盛改舊新定律令〉研究》,法律出版社 2003 年。
12. 楊廷福:《唐律研究》,上海古籍出版社 2012 年。
13. 葉潛昭:《金律之研究》,臺灣商務印書館 1972 年。
14. 張志勇:《遼代法律史研究》,高等教育出版社 2002 年。
15. 曾代偉:《金律研究》,(臺灣) 五南圖書出版公司 1995 年。
16. 曾代偉:《金律研究》,四川民族出版社 1995 年。

三、論 文

1. 戴建國:《〈宋刑統〉制定後的變化——兼論北宋中期以後〈宋刑統〉的法律地位》,《上海師範大學學報》1992 年第 4 期,第 47～54 頁。
2. 董昊宇:《論西夏的「以贓斷盜」—以〈天盛律令〉爲中心》,《西夏學》(第 7 輯),上海古籍出版社 2011 年,第 94～99 頁。
3. 董昊宇:《〈天盛律令〉中的比附制度—— 以〈天盛律令〉「盜竊法」爲例》,《寧夏社會科學》2011 年第 5 期,第 98～102 頁。
4. 董昊宇:《西夏法律中的盜竊罪及處罰原則——基於西夏〈天盛改舊新定律令〉的研究》,《西夏研究》2010 年第 4 期,第 34～39 頁。
5. 郭東旭:《論北宋「盜賊」重法》,《河北大學學報》(哲學社會科學版) 2000 年第 5 期,第 7～13 頁。

6. 郭東旭：《宋朝以贓致罪法略述》，《河北大學學報》（哲學社會科學版）2002 年第 3 期，第 5～10 頁。

7. 郭東旭：《〈宋刑統〉的制定及其變化》，《河北學刊》1991 年第 4 期，第 84～89 頁。

8. 賈常業：《西夏法律文獻〈新法〉第一譯釋》，《寧夏社會科學》2009 年第 4 期，第 88～90 頁。

9. 劉柱彬：《中國古代盜竊罪的產生、成立及處罰》，《法學評論》1996 年第 6 期，第 53～58 頁。

10. 聶鴻音：《西夏〈天盛律令〉成書年代辨析》，《尋根》1998 年第 6 期，第 29～30 頁。後收入《西夏文獻論稿》，上海古籍出版社 2012 年，第 91～93 頁。

11. 史金波：《西夏「秦晉國王」考論》，《寧夏社會科學》1987 年第 3 期，第 72～76 頁。

12. 史金波：《西夏〈天盛律令〉及其法律文獻價值》，《法律史論集》第 1 卷，法律出版社 1998 年。後收入《史金波文集》，上海辭書出版社 2005 年，第 452～478 頁。

13. 史金波：《西夏刑法試析》，《民大史學》（1），中央民族學院出版社 1996 年。後收入《史金波文集》，上海辭書出版社 2005 年，第 428～451 頁。

14. 史金波：《一部有特色的歷史法典——西夏〈天盛改舊新定律令〉》，《中國法律史國際學術討論會論文集》，陝西人民出版社，1990 年。

15. 文志勇：《俄藏黑水城文獻〈亥年新法〉第 2549、5369 號殘卷譯釋》，《寧夏師範學院學報》2009 年第 1 期，第 109～116 頁。

附錄一　西夏文詞彙索引表

（以漢語詞義音序排列）

西夏文詞彙	漢語詞義	出現的頁數、行數	備　註
䘏 荕	案頭	（33－12－12）	參見《番漢合時掌中珠》第28頁第5欄
䘏 荍	百姓、庶民	（33－8－1）、（33－14－2）、（33－15－5）、（33－18－11）、（33－19－12）、（33－32－4）	
蘥 薇	頒佈	（33－22－2）	
乇 蘜 乇 絸	半有半無	（33－12－1）	
蕀 隖	本國	（33－17－1）、（33－17－3）	
譑 絣 㤪 蕀	本心不服	（33－13－10）	
譑 絣 䒺 蕀	本心服	（33－15－2）	
绠 绕	並非、然而、但是	（33－6－7）、（33－9－2）	
孫 絃	逼迫、催促	（33－9－10）、（33－12－12）、（33－13－3～4）、（33－13－9）、（33－13－12）、（33－14－1）、（33－14－10）、（33－14－12）、（33－15－4）、（33－15－11）、（33－15－12）、（33－16－3）、（33－16－5～6）、（33－16－8）、（33－16－10）、（33－16－11）、（33－19－8）、（33－29－9）、（33－29－11）	

𗇃 𗰔	不須	（33—9—5）、（33—9—10）、（33—16—10）、（33—28—10）	
𗲈 𘃡	不應、不得	（33—7—2）、（33—7—10）、（33—10—3～4）、（33—17—4）、（33—26—7）、（33—28—8）、（33—32—2）、（33—32—7）	
𗉾 𗅆	長期	（33—6—4）、（33—19—4）、（33—24—8）	
𗵗 𗅆	常住	（33—2—4）、（33—6—5）、（33—6—8）、（33—6—11）、（33—6—12）、（33—25—6）、（33—30—4）	
𗼝 𗂧	財產	（33—20—10）、（33—21—7）	參見《番漢合時掌中珠》第26頁第4欄
𗫻 𗿒	傳達、轉移	（33—30—9）、（33—31—3）、（33—31—6）	
𗦊 𗫀	刺穿	（33—14—10～11）	
𗫀 𗦊	刺穿	（33—14—1）、（33—15—4）	
𗠎 𗻤	超過	（33—11—1）、（33—12—8）	
𗰖 𗡪	初始、起先	（33—11—10）、（33—20—5）、（33—24—10）、（33—29—7）	
𗾟 𗼻	次第	（33—11—12）、（33—12—10）、（33—24—9）、（33—31—3）	
𗾟 𗵒	此後	（33—5—3）、（33—6—9）、（33—7—10）、（33—9—8）、（33—12—2）、（33—14—12）、（33—16—7）、（33—17—4）、（33—19—9）、（33—24—6）、（33—27—11）、（33—28—8）、（33—32—8）	參見《番漢合時掌中珠》第32頁第1欄
𘊝 𗣼	大臣	（33—28—4）	
𗦜 𘐀 𗦲 𗥃	大人指揮	（33—15—3）	參見《番漢合時掌中珠》第31頁第3欄
𗵒 𗫂	盜持	（33—4—7）、（33—6—6）	
𗟰 𘃢	敵寇、敵人	（33—11—8）、（33—18—5）	
𗇃 𘊝	都未	（33—9—7）、（33—11—11）、（33—13—11）、（33—22—10）、（33—27—6）	
𗫂 𗒹	鬥爭	（33—14—6）	

西夏文	漢譯	出處	備註
㝵㙥	都案	（33—12—12）	參見《番漢合時掌中珠》第28頁第5欄
綴祇	斷獄、判決	（33—12—1）、（33—14—8）	
緩藕鵀	都巡檢	（33—2—11）、（33—10—9）、（33—11—6）、（33—13—7）、（33—16—2）、（33—14—12）～（33—15—1）	
梔聚	二等	（33—4—3）、（33—12—9）、（33—24—8）	
緻祦	法律	（33—14—1）、（33—19—1）	
鞃慨	反覆、以及	（33—4—3）、（33—4—7）	
㲉穖	販賣、捐客	（33—8—10）	
繊禐	飛禽、家禽	（33—3—3）、（33—20—10）、（33—21—7）、（33—21　11）、（33—22—1~2）、（33—22　6）、（33—22—10）	參見《番漢合時掌中珠》第16頁第5欄、《文海》13·152
繎蔓	分離	（33—27—7）、（33—28—3）、（33—29—3）、（33—29　9）、（33—30—8）、（33—31—4）	
㓀絓	分析	（33—13—2）、（33—14—5）	參見《番漢合時掌中珠》第31頁第4欄
瓶㲋	分用	（33—2—4）、（33—6—7）、（33—9—2）、（33—9—7）、（33—9—9）、（33—13—9）、（33—15—9）、（33—16—2）、（33—16—3）、（33—16—9）、（33—21—1）、（33—21—4）	
㲋蕊	父母	（33—2—8）、（33—3—7）（33—8—12）、（33—9—4）、（33—9—6）、（33—9—9）、（33　26—5）、（33—28—6）	參見《番漢合時掌中珠》第20頁第2欄、第31頁第3欄
詡茇	告示	（33—22—3）	
絒尾	高下、上下	（33—7—2）、（33—10—11）	
纖羖	工價	（33—17—8）、（33—30—5）	

西夏文	釋義	出處	備註
𗟎𗟎	國家	（33—7—12）、（33—17—9）、（33—23—7）	
𗟎𗟎	過期	（33—20—12）、（33—22—8～9）、（33—23—2～3）、（33—23—5）、（33—31—10）、（33—32—2）	
𗟎𗟎	國人	（33—17—1）、（33—17—3）	參見《番漢合時掌中珠》第27頁第4欄
𗟎𗟎	過問	（33—13—2）	
𗟎𗟎	何云、不知曉、不明	（33—9—2）	
𗟎𗟎	皇恩	（33—31—1）、（33—32—8）	
𗟎𗟎	回報	（33—3—11）、（33—30—7）、（33—30—8）、（33—31—3）、（33—31—6）、（33—31—7）	
𗟎𗟎	互相	（33—3—5）、（33—6—8）、（33—8—4）、（33—9—11）、（33—25—3）	
𗟎𗟎	互相	（33—2—6）、（33—7—5）、（33—7—7）、（33—7—10）、（33—9—8）、（33—9—11）、（33—15—1）、（33—17—1）、（33—29—7）、（33—30—9）、（33—30—12）、（33—31—6）	
𗟎𗟎	互助	（33—18—4）	
𗟎𗟎	減斷	（33—8—1）、（33—10—8）、（33—11—10）、（33—14—4）、（33—19—2～3）、（33—24—5）	
𗟎𗟎	監護	（33—4—1～2）、（33—4—4）（33—4—6）、（33—4—9）	
𗟎𗟎	減免	（33—2—4）、（33—6—7）	
𗟎𗟎	檢視	（33—12—11）、（33—13—8）、（33—15—2）	
𗟎𗟎	檢校	（33—2—10）、（33—10—5）、（33—11—2）、（33—12—5）、（33—12—9）	
𗟎𗟎	家人	（33—11—5）、（33—14—10）、（33—16—5）	
𗟎𗟎	家宅	（33—11—8）	參見《番漢合時掌中珠》第21頁第6欄

西夏文	詞義	出處	備註
𗣼𗲠	家宅	（33—18—7）	
𗍳𗧓	結合	（33—18—4）	
𗦆𗵘	節親	（33—2—6）、（33—7—5）、（33—7—7）、（33—7—10）、（33—26—11）、（33—28—3）、（33—28—9）	
𗦺𗫡	借債	（33—15—10）	
𗥔𗤒	吉慶	（33—18—8～9）	
𗴲𗒘	京師、朝廷	（33—6—11）	
𗫸𗢳	今昔	（33—18—12）	
𗫼𗸐	禁止	（33—12—12）	
𗫼𗫱	禁止	（33—11—5）	
𗴺𗲟	舉報	（33—2—7）、（33—8—1）、（33—8—4）、（33—32—9）	
𗥦𗰜	局分	（33—2—11）、（33—3—5）、（33—6—5）、（33—6—12）、（33—7—1）、（33—7—3）、（33—12—12）、（33—13—7～8）、（33—14—7）、（33—14—10）、（33—16—5）、（33—20—12）、（33—21—3）、（33—22—8）、（33—23—2）、（33—23—5）、（33—25—2）	參見《番漢合時掌中珠》第28頁第6欄、第30頁第1欄
𗥨𗲠	拷打	（33—14—6）	
𗦜𗥦𗰜	庫局分	（33—3—5）、（33—7—1）、（33—7—3）、（33—25—2）	
𗩩𗤋	寬窄	（33—21—3）	
𗤋𗲞	寬窄、隨意、任意	（33—9—2）、（33—9—7）	
𗥦𗮔	苦役	（33—20—5）、（33—20—8）	
𗣼𗉢	來去	（33—14—1）	
𗰛𗏹	勞苦	（33—14—1）	
𗥓𗣼	律令	（33—4—1）、（33—5—8）、（33—5—9）、（33—6—5）、（33—7—6）、（33—8—6）、（33—8—7）、（33—8—12）、（33—9—12）、（33—10—6）、（33—10—8）、	《天盛律令》的簡稱

		（33—12—4）、（33—13—4～5）、（33—15—5）、（33—15—9）、（33—16—12）、（33—17—1）、（33—19—10）、（33—19—11）、（33—20—10）、（33—23—5～6）、（33—25—3）、（33—29—1）、（33—30—2）	
[illegible]	門戶	（33—6—1）、（33—8—9）、（33—17—2）、（33—17—7）	
[illegible]	明顯、明確	（33—4—12）、（33—6—7）、（33—7—6）、（33—9—1）、（33—9—12）、（33—13—6）、（33—15—12）、（33—16—4）、（33—29—2）	
[illegible]	迷惑	（33—18—10）	
[illegible]	謀智清人	（33—3—4）	參見《番漢合時掌中珠》第31頁第6欄
[illegible]	目前	（33—13—9）、（33—15—1）	
[illegible]	拿取	（33—21—4）、（33—22—4）、（33—25—2）	
[illegible]	奴僕	（33—8—3）、（33—9—11）、（33—20—8）、（33—25—6）（33—25—12～13）、（33—26—10）、（33—30—3）	
[illegible]	判決、決斷	（33—4—7）、（33—5—11）、（33—6—4）、（33—7—3～4）、（33—10—7）、（33—15—8）、（33—19—7）、（33—19—10）、（33—19—11～12）、（33—20—4）、（33—21—2）、（33—23—3）、（33—24—11）、（33—25—6）、（33—25—7）	
[illegible]	遣門	（33—13—4）、（33—15—5）、（33—23—9）	
[illegible]	強盜	（33—4—2）、（33—4—7）、（33—5—5）、（33—5—7）、（33—5—10）、（33—5—12）、（33—8—1）、（33—19—4）	
[illegible]	其後	（33—7—12）、（33—16—3）、（33—16—8）、（33—28—7）、（33—32—7）	
[illegible]	情節	（33—9—1）	
[illegible]	情由	（33—9—8）、（33—10—2）	

西夏文	漢義	出處	備註
𗣼 𗡅	期限	（33—3—8）、（33—3—10）、（33—12—4）、（33—27—2）、（33—27—12）、（33—29—1）、（33—29—3）、（33—29—8）、（33—30—1）、（33—30—5）、（33—30—10～11）、（33—30—11）、（33—32—1）、（33—32—5）	
𗊴 𗵐	勸說	（33—5—2）	
𗱕 𗵩	區分	（33—5—1）、（33—13—10）、（33—15—1）	
𗼃 𗱷	驅逐	（33—13—1）、（33—25—6）	
𗥫 𗟲	然後	（33—21　10）	
𗤁 𗤻	人情、情面	（33—11—4）	
𗮰 𗼲	如此	（33—11—9）、（33—24—2）、（33—26—5）	參見《番漢合時掌中珠》第31頁第3欄、第32頁第2欄、第35頁第3欄
𗺒 𗿒	入狀	（33—13—2）	參見《番漢合時掌中珠》第32頁第1欄
𗰕 𗿒	傷害	（33—15—5）	
𗏓 𗤦	聖旨	（33—14—5）	
𗵣 𗴩	審案	（33—2—11）、（33—14—7）、（33—14—8）、（33—15—6）	
𗷰 𗴩	審問	（33—11—11）、（33—11—12）、（33—26—12）	
𗴩 𗿕	審杖	（33—11—1）、（33—12—7）、（33—12—8）、（33—14—8）	
𗯿 𗧀	捨棄	（33—11—12）	
𗿳 𗼓	施行	（33—5—8）、（33—6—10）、（33—10—4）、（33—15—8）、（33—16—12）、（33—23—6）、（33—25—4）、（33—30—2）	
𗾈 𗴾	使軍	（33—8—3）、（33—9—11）、（33—9—12）～（33—10—1）、（33—10—2）、（33—20—8）、（33—25—6）、（33—25—12）、（33—26—10）、（33—30—3）	

西夏文	釋義	出處	備註
𗫸𗫸	司吏	（33－13－1）	參見《番漢合時掌中珠》第28頁第6欄、第30頁第2欄
𗫸𗫸	死亡	（33－17－5）、（33－21－6）、（33－22－5）	
𗫸𗫸	私下、私自	（33－13－3）、（33－13－9）、（33－15－4）	
𗫸𗫸	失法	（33－14－7）、（33－15－6）	
𗫸𗫸	受賄	（33－11－4）、（33－13－12）、（33－16－6）	
𗫸𗫸	受賄	（33－27－5）	
𗫸𗫸	搜尋、尋找	（33－18－4）、（33－29－8）	參見《番漢合時掌中珠》第27頁第2欄
𗫸𗫸	雖然	（33－7－6）、（33－13－6）、（33－18－1）、（33－19－12）	參見《番漢合時掌中珠》第35頁第3欄
𗫸𗫸	損壞	（33－11－8）	
𗫸𗫸	訴訟、糾紛	（33－26－11）、（33－32－9）	
𗫸𗫸𗫸𗫸	訴訟	（33－14－6～7）	
𗫸𗫸	他人	（33－6－12）、（33－7－1）、（33－7－3）、（33－7－4）、（33－8－5）、（33－8－7～8）、（33－10－3）、（33－16－11）、（33－25－7）、（33－25－13）、（33－26－11）、（33－30－7）、（33－31－7）	
𗫸𗫸	貪邪	（33－11－9）、（33－18－4）、（33－24－3）	
𗫸𗫸	逃跑	（33－3－10）、（33－11－12）、（33－29－1）、（33－29－2）、（33－29－6～7）、（33－29－12）	
𗫸𗫸𗫸𗫸	天作地造（勞作活業）	（33－14－2）、（33－18－2）	
𗫸𗫸	提舉	（33－22－6）	
𗫸𗫸𗫸	偷盜	（33－4－4）、（33－5－8）、（33－8－2）、（33－19－3）、（33－21－1）、（33－22－12）、（33－23－3）	

西夏文	釋義	出處	備註
𗼋𘂧	頭頸	（33—14—10）	
𗂆𘗠𗒘	偷強盜	（33—4—7）、（33—5—10）、（33—5—12）	
𗼋𗰜	頭監	（33—2—9）、（33—9—11）、（33—10—1）、（33—10—2～3）、（33—10—4）、（33—20—9）	
𗰜𘉒𘈷𘋨	枉法貪罪	（33—15—7）	
𘜶𗄛	威逼	（33—4—2）、（33—27—6）	
𗁾𗢭	文券（立文據）	（33—25—10）、（33—26—1）、（33—26—3～4）、（33—26—11）、（33—27—2）、（33—27—4）、（33—27—11）、（33—30—11）、（33—31—5）、（33—31—9、10）	
𗼝𗷀	文字	（33—13—2）	參見《番漢合時掌中珠》第27頁第2欄
𘊳𗘂	武器	（33—4—2～3）、（33—4—5）、（33—4—9）、（33—4—10）、（33—5—4）、（33—5—6）	
𘘚𘂧	降伏	（33—11—10）	
𗟲𗄈	先後	（33—17—9）	
𗾮𘆄	現在	（33—32—9）	
𗉘𗉢	行遣、處理	（33—6—9）、（33—9—2）、（33—13—2）、（33—14—11）、（33—15—4～5）	參見《番漢合時掌中珠》第29頁第2欄
𘀗𗵐	心態	（33—4—11～12）	
𘄒𗫟	巡檢	（33—2—10）、（33—8—6）、（33—10—5）、（33—11—2）、（33—12—5）、（33—12—9）、（33—12—11）、（33—13—8）、（33—15—2）	
𘗾𗄛𘀗𗵐	眼落心割（眼饞心想）	（33—19—2）	
𗢵𗂶	要語	（33—6—2）、（33—7—8）、（33—18—8）	
𗣼𗟲	一等	（33—5—11）、（33—12—9）、（33—24—9）	
𗁦𘛂	一定、必定	（33—10—12）、（33—18—12）、（33—19—10）、（33—28—1）、（33—30—2）、（33—31—9）、（33—31—12）	

西夏文	釋義	出處	備註
𗩈𗱈	依法	（33—6—9）、（33—8—5）、（33—8—8）、（33—10—4）、（33—10—7）、（33—11—2）、（33—15—6）、（33—16—8）、（33—20—7）、（33—24—10～11）、（33—25—1）、（33—25—7）、（33—26—12）、（33—28—1）、（33—31—1）、（33—31—9）	參見《番漢合時掌中珠》第29頁第2欄
𗩈𗱈	依靠	（33—11—4～5）、（33—20—2）、（33—21—3）	
𗩈𗱈	以內	（33—7—12）、（33—10—8）、（33—10—9）、（33—12—5）、（33—17—9）、（33—20—11）、（33—21—9）、（33—21—12）、（33—22—1）、（33—22—11）、（33—23—7）、（33—27—7）、（33—22—7～8）、（33—30—6）、（33—32—5）	
𗩈𗱈	一切	（33—16—2）	
𗩈𗱈	飲食	（33—16—1）	
𗩈𗱈	以上	（33—8—2）、（33—24—8）	
𗩈𗱈	以外	（33—31—10）、（33—32—6）	
𗩈𗱈	以下	（33—2—10）、（33—10—5）、（33—11—2）、（33—12—5）	
𗩈𗱈	以為	（33—10—3）、（33—26—2）	
𗩈𗱈	疑心	（33—12—3～4）	
𗩈𗱈𗱈𗱈	永儲寶物	（33—11—8）、（33—18—3）、（33—26—6）、（33—27—8）	
𗩈𗱈	永遠	（33—19—1）	
𗩈𗱈	遠近	（33—29—7）	
𗩈𗱈	雜亂	（33—14—1）	
𗩈𗱈	雜亂、泛濫	（33—12—2）、（33—14—2）、（33—18—11）、（33—24—5）、（33—27—9）、（33—29—5）	
𗩈𗱈	造意	（33—6—1）	
𗩈𗱈	自己	（33—6—12）、（33—8—3）、（33—8—12）、（33—13—5）、（33—25—2）、（33—26—10）	
𗩈𗱈	自然	（33—4—12）、（33—7—7）、（33—9—2）、（33—9—7）、（33—9—10）、（33—10—7）、（33—13—10）、（33—16—9）、（33—23—1）、（33—30—10）	

西夏文	漢譯	出處	備註
𗩪𗵽	子孫	（33—2—8）、（33—8—12）、（33—9—3）、（33—9—10）、	
𗺋𗕾	詐諂	（33—14—2）、（33—21—6）、（33—24—4～5）、（33—26—4）、（33—29—5）	
𗓽𗆫	詐騙	（33—15—4）	
𗱲𗿳	證人	（33—22—6～7）	
𗾟𗾟	支持	（33—20—12）、（33—21—4）、（33—23—2）、（33—23—5）	
𗾟𗾟𗫐	支持	（33—20—12）、（33—23—2）、（33—23—5）	
𗸚𗆠	執持	（33—19—1～2）	
𗍫𗡮	呈關	（33—10—11）、（33　12—3）、（33—26—11）	參見《番漢合時掌中珠》第30頁第2欄
𗾔𗫂	指揮、教訓	（33—13—1）、（33—13—3）、（33—13—4）、（33—13—7）、（33—15—3）	參見《番漢合時掌中珠》第31頁第1欄
𗇃𗇃	直接	（33—11—6）、（33—12—11）、（33—16—10）	
𗷎𗵆	擲棄	（33—6—7）	
𗩪𗊢	指示	（33—7—8）	
𗏇𗒹	枝條	（33—28—5）	
𗩪𗋽	職位	（33—13—5）、（33—28—6）	
𗩪𗾔	周圍	（33—30—7）、（33—30—9）、（33—31—3）、（33—31—6）	
𗩪𗋿	主從	（33—6—1）	
𗣼𗠁	追蹤	（33—2—12）、（33—3—12）、（33—12—7）、（33—14—4）、（33—16—10）、（33—16—11）、（33—29—8）、（33—32—10）	
𗼇𗇃	諸司	（33—12—8）、（33—14—5）、（33—10—12）～（33—11—1）	參見《番漢合時掌中珠》第30頁第1欄
𗍺𗵘	囑咐、託囑	（33—9—10）、（33—10—1）、（33—20—9）、（33—22—5）、（33—30—8）、（33—30—9）、（33—30—12）、（33—31—6）、（33—32—11）	

𗏁𗤀	住滯、停滯	（33—27—3）、（33—27—7）、（33—31—11）	參見《番漢合時掌中珠》第29頁第1欄
𗏁𗤀	罪情	（33—4—3）、（33—4—8）、（33—10—11）、（33—25—2）	

附錄二　圖　版

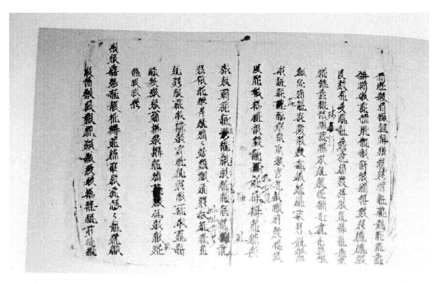

俄 Инв.No.2565 *3818　6098*　亥年新法(甲種本)第

俄 Инв.No.2565 *3818　6098*　亥年新法(甲種本)第三　　（26－11）

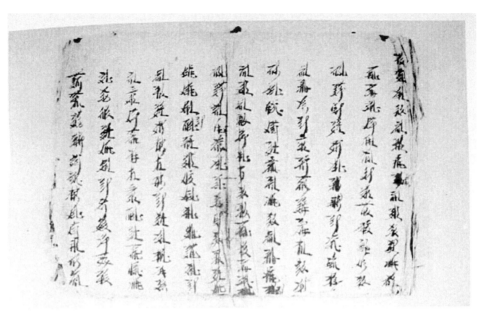

俄 Инв.No.2565　*3818*　*6098*　亥年新法(甲種本)第三　　（26－16）

俄 Инв.No.2565　*3818*　*6098*　亥年新法(甲種本)第三　　（26－17）

俄 Инв.No.2819　亥年新法（乙種本）首　　（33－2）

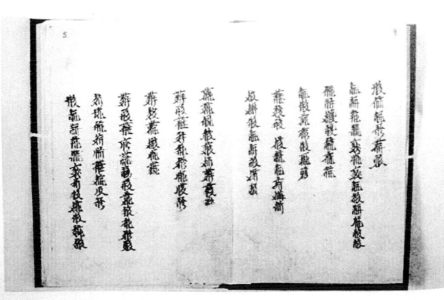

俄 Инв.No.2819　亥年新法（乙種本）第三　（33－3）

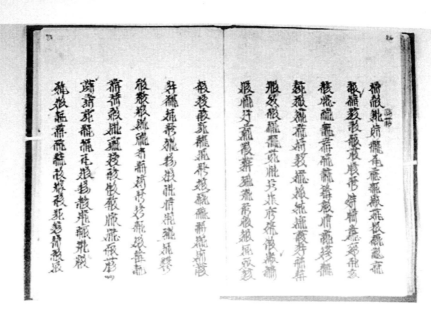

俄 Ииn.No.2819　亥年新法(乙種本)第十四

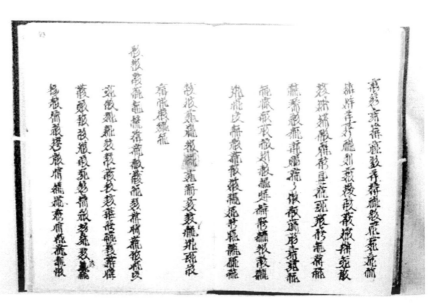

俄 Ииn.No.2819　亥年新法(乙種本)第